日本カント研究

18

日本カント協会編

2017

目　次

シンポジウム
3.11 後の「公共」とカント——Kant in Fukushima

シンポジウム 趣意………………………………………… 大橋容一郎　7
現代の公共性とカント——カントとともにあるものへの問題提起として
　　……………………………………………………… 大橋容一郎　9
手続きとしての公表性がもつポテンシャリティ………… 舟場　保之　24
〈3.11〉後の「公共」とカント的公共性との闘い………… 小野原雅夫　38

共同討議 I
カントと功利主義

共同討議 I 趣意…………………………………………… 福田　俊章　53
帰結主義と「もしみんながそれをしたらどうなるか」…… 安藤　馨　54
同じ山に異なる側から登る——パーフィットの定言命法理解をめぐって
　　……………………………………………………… 蔵田　伸雄　73

共同討議 II
空間論から見たライプニッツとカント
（ライプニッツ没後 300 年）

共同討議 II 趣意…………………………………………… 犬竹　正幸　89

ライプニッツ的空間はいかにして構成されるか？──クラーク宛第5書簡104節における「抽象的空間」をめぐって……………………… 稲岡　大志　90

「位置解析」の前に立つカント──『方位論文』の切り拓いたもの
　……………………………………………………………… 植村恒一郎　105

公募論文

判断はどのように対象と関わるか──カントにおける単称判断とその意味論
　………………………………………………………………… 五十嵐涼介　121

カントの事象性と感覚印象の理論──スコトゥス的観点からの再検討
　……………………………………………………………… 長田　蔵人　134

「生の哲学」としてのカント哲学──批判哲学における「快」と「生」
　………………………………………………………………… 山蔦　真之　148

『判断力批判』における自然の体系的統一と合目的性…… 渋川　優太　161

書　評

増山浩人 著『カントの世界論──バウムガルテンとヒュームに対する応答』
　………………………………………………………………… 河村　克俊　176

オノラ・オニール 著　神島裕子 訳『正義の境界』……… 田原彰太郎　180

Robert B. Brandom, *From Empiricism to Expressivism: Brandom reads Sellars*
　………………………………………………………………… 三谷　尚澄　184

Hannah Ginsborg, *The Normativity of Nature: Essays on Kant's Critique of Judgment*…………………………………………………… 竹山　重光　189

日本カント協会　2016年度会務報告 ……………………………………… 194
機関誌の原稿募集 …………………………………………………………… 197
日本カント協会濱田賞応募について ……………………………………… 199
日本カント協会規約 ………………………………………………………… 201
日本カント協会への入会のお勧め ………………………………………… 204

目　次　5

執筆者一覧 …………………………………………………………… 205
欧文要旨 ……………………………………………………………… 206

シンポジウム

3.11 後の「公共」とカント——Kant in Fukushima

　3.11から5年を経て福島大学で開催された，今回のシンポジウムのテーマは，9.11や3.11の出来事を経験した現代人にとって，21世紀の「公共」とカントの思想はどのように関連するのか，というアクチュアルなものだった。提題者のみならず，近現代におけるカント実践哲学の社会的意義を知り，カントとともにある者すべてにとって，語らねばならないもっとも重い哲学的課題のひとつであると言える。3名の提題者は，それぞれに現代の「公共」についての現状認識を語り，また異口同音に，普遍妥当的な神話にも比すべきカントの教条的な理解だけでは，現実の公共問題に対処できないという認識を示した。さらに3名はいずれも期せずして，制度的に形式化された固陋な公共性から，社会の現実的なニーズに対応する実質的な市民的公共性への転換を主張した，ハーバーマスの「公共性の構造転換」論に肯定的に言及したが，しかしその内容はそれぞれ異なっていた。

　現代世界の公共問題に関する現状認識では，大橋（以下敬称略）が，理性的自由でなく理性からの自由が蔓延している現代では，カントが詳述していない，本能や悪意などに基づく無法な公共性や，自由平等などの近代的理念を前提しないケア的な共同性などが，解決されるべき問題の相当部分を占めると見て，そうした現代の公共性への対処の必要性を論じた。舟場は，現代をポスト形而上学の時代とみなし，同一的な正義不正の原理が政治的公共体においてもはや現前しえない点に，現代の公共圏問題があると考える。その上で，非同一的な多元化の時代では，固定化されたカントの理論の適用は困難であり，むしろ新たな公共性を作り出す政治的批判的コミュニケーションの必要性と，その可能なあり方を指摘した。福島における3.11の，直接の被災関係者でもある小野原は，原発被災者差別やそれ以降の日本の政治体制における公共の「公益」化に，公共性がネオ・ナショナリズムへと傾斜して行く危険性を見ており，「絶望的な負け戦」を自覚しつつも，定言的な道徳性と公共性との一致に基づく世界市民的公共性を，市民的レベルで現実化して行くことの重要性を語った。

　カントの公共性の特性とそれを超えるパースペクティヴに関しては，大橋と舟場が内的個別的な道徳的強制に基づく公共性と外的な法的強制に基づく公共性との位相の原理的差異を，また舟場と小野原が，テキスト分析に基づいて，カントの公共性が主として，公開性ないし公表性と自由との総合にかかわるものであることを指摘した。その上で，大橋はカントが忌避した非理性的な公共性への十分な目配りを求め，カントの論理法則的な道徳性と現代の心理的公共性との関連を

改めて問題とすべきと主張した。これに対して舟場は，カントの心術倫理を公共性問題に持ち込むべきではなく，公共体における公法の要請と道徳的な善構想とは分別されるべきであるとし，もっぱら公開性とコミュニケーション的合意に基づく手続的な正義によって，つねに妥当性を更新しつづけることこそが公共性そのものであると論じた。また小野原は，哲学カフェのような市民運動の中で，定言的なカントの道徳性の意義と認めつつも，定言的目的の実現を補完する，より強力でより有効な仮言命法の探求こそが，現代に求められる市民的公共性の方向であると論じ，日常的な会話や討論によってそれを模索し続けることの重要性を強調した。

　提題後には，会場からの質問用紙に基づいて活発な議論が交わされた。内的道徳性と外的法政治性における公共原理や義務理論の相違，道徳的強制と法的強制との分離の是非，公共のもつ個別性と全体性の差異，解釈学的場の公共性とカントの理念的な公共性，非理性的な公共原理の一般化の可能性，市民的活動に基づく公共性の創成の限界など，いずれも重要な論題が示されたことは，統一的な結論ではなく多元的議論の発生を目指した，提題者にとって概ね満足すべきものであった。

（執筆：大橋容一郎）

〈シンポジウム「3.11後の『公共』とカント——Kant in Fukushima」〉

現代の公共性とカント
―― カントとともにあるものへの問題提起として ――

大橋　容一郎

序　カントにおける公共性と公共体

　カントは，一般に思われている以上に，理性のさまざまな側面における公共性について語っている。道徳的公共性，人倫的公共体，政治的公共体，美的（趣味的）共同体などの中でも，もっとも有名なのは，定言的な道徳法則の遵守によって産み出される道徳的な「目的の国」だが，その公共性はあくまで結果的に成立する消極的な理念にとどまる。それに比べると，『宗教論』や『法論』で述べられる「倫理的市民社会」や「法的市民社会」は，根本的には同じく道徳性の実現という規範的原理に立ちながらも，政治的公共体のような具体的な公共体につながる公共性の性格を示している。これらの思想によって，カントの公共論は，近代を通じて長い間，道徳的共同性から法権利に基づいた社会や世界共和国まで，幅広い共同体の基礎理論とも見なされてきた。それでは，21世紀の今日，カントの哲学思想は，現代の公共性をめぐる問題圏とどのように係わってくるだろうか。

　批判期において，バウムガルテンらの経験的心理学を換骨奪胎して成立したカントの意志能力論は，基本的には叡知的な実践的自由論とも見なしうる。消極的自由から積極的で実践的な自由への意志能力の段階は，道徳的公共性を通じて市民社会の政治的公共体の原理へと応用されるまでの，自由のさまざまな種類に基づいて，いくつかの「公共」の可

能性とその限界を提示するものでもある。すでに周知のように，理性的存在者の意志は，本能や欲望に従属する意志ではなく，そこから脱却する自発的な選択意志となり，さらには普遍法則性をめざす自己立法的なものと見なされることで，より高次の自由をもつ意志となる。ただしその際，人間においても動物的な本能や自己愛に基づく自然傾向性が本性として存在しているために，実践的な自由意志は，たんに自己自律を行うだけでなく，自然傾向性による欲求や本能に抵抗しつつ自らを道徳的法則へと強制するという内的側面をもつことになる。そうした自律的意志がつくりだす，仮想的で消極的な道徳的公共性の理念が，先の「目的の国」である。

　その際，『基礎づけ』に示される自律的意志は，普遍的に立法するところの，「各々の」理性的存在者の意志，という見方に基づいている。「目的の国」は，すべての目的を体系的に結合した「全体」としての理念ではあるが，その全体性は，「それぞれに異なる」理性的存在者が，共通の法則によって結合されたものとされる。各理性的存在者は，成員としてであれ元首としてであれ，この国においてはあくまで個別的な立法者でなければならない。理性的存在者が個別的な立法者であることと，この国に平等な自由と権利が保証されていることとは，相互に担保しあう条件である。理念の全体性が個別者の自己立法に先立ってしまえば，法則に整然と従っている多くの個別的意志の集合が示す秩序性そのものとしての，目的の国は成立しないことになろう。その国には定言命法という，個々の意志に対する内的で自律的な強制はあるが，定言命法に従う意志が作り出しているはずの公共性に対する，全体的な外的強制は存在しないからである。

　それに対して，自然傾向性による放恣の自由をも合わせもち，悪心をも有する者が集う市民社会においては，道徳の実現と公共の福祉を守り，放恣な自由による不法状態を排除するために，個々の自由意志ではなく，「統合された」国民の意志に基づいた法義務が，全体的な外的強制として投げかけられざるをえない。ここでの公共体は，国家とは法的法則の下にある一群の人間の統合のことであると言われているように，個別的意志ではなく，統合された国民の意志という政治的理念に基づいている。理性の公共的使用は無制限に自由でなければならないという言

葉とはうらはらに，政治的公共体は，人格の道徳的完成と共通善の実現という原則に基づいて，個人の放恣の自由をつねに他律的に制限しつづける「法的市民社会」となるのである。

　同様に，『宗教論』における倫理的公共体としての「徳の国」も，「目的の国」とは趣を異にする。「徳の国」は，利己的な自然傾向性をもたない聖人君子が集う公共体であり，結果としては「目的の国」と同様に，つねに道徳性が行き渡っている倫理的市民社会である。そこでは，市民社会が公共体である限り存在する義務は，徳の義務という名をもって存在していても，法的市民社会とは異なって，実際に強制となることはない。カントによれば，この倫理的市民社会という「理念」は客観的実在性をもって，すなわち十分な根拠をもって人間理性の中に存在する。それは特殊で固有な「徳」の原理，ないしは「善」の原理である。この理念的原理の存在によって，倫理的公共体は成立する。ここでも個別的な理性的存在者の意志に対して，徳や善という仮想的な全体性の理念が先立っているのであり，善の原理によって成立している公共体という，公共の法則を先立てた共同体を考えることで，はじめて社会における善の原理は悪の原理に打ち勝つことができると考えられている。

　カントにおける道徳的公共性と，政治的公共体ないし倫理的公共体との間には，同じく「公共」とは言っても，このように原理の置き所に相違があることは留意されねばならないだろう。個別的で内的な道徳的強制と全体的で外的な法的強制との間には，たとえ道徳の実現と公共善という到達内容が同じものであっても，一対一の写像的な相等性があるとは言えない。むしろ，個別性と全体性をめぐる公共性と公共体の位相の差を積極的に解すれば，後者に個別的な心術倫理とは異なる，カントの共同体の徳倫理を見出すことも可能であろう。他方ではしかし，周延関係の異なる個と全体性との位相の狭間に，次節以降に示されるような問題性が胚胎していることもまた，見逃せない事実である。

1　自然状態に基づいた不法な社会の公共性について

　本節ではまず，道徳的な自由にいたる以前の，人間の意志と公共との

関係を取りあげたい。カントによれば，われわれの意志が理性的な自己原因性を発揮せず，動物的な本能や欲望，自己愛へ服従したままでいることは，道徳法則に基づくような意志の志向性に反するものであり，そもそも実践的自由の世界を形成するものではない。しかし考えてみれば，そうした意志の自然状態は，道徳的意志が直面している定言的事態である正義の強制から，自由になっている状態だとも言える。そのような放恣な意志の状態を自由と呼ぶことは，もちろんカント自身の実践的自由の意図とは相反するものだろうが，現代世界に生きる人間の多くが，むしろ息苦しい理性の規範的で強制的な拘束からの解放であるとして，自らの本能や欲望への従属を，少なくとも心理的には望ましい「放恣の自由」と見なしていることも，また事実であると思われる。

　カントによれば，人間の自然状態は，ロックのいう自由・平等・独立ではなく，むしろホッブズのいう万人の万人に対する戦いの状態に近い。人間は互いに攻撃しあう悪意を自然的格律として持っている。そうした悪意がそのまま現れているような自然状態は，当然ながら法的な市民世界とは言いがたいし，つねに不法で不正義な状態であるとまでは言えないにしても，少なくとも，いつ不正が起きても不思議ではない無法な状態ではある。しかしそのような自然状態を，個別的で孤独なものとみるホッブズとは異なり，カントは，この自然状態においても適法な社会はありうると述べ，その例として，婚姻社会や家長制の家社会をあげている。もちろん，公的な正義の下にないそうした社会は，必然的正義による拘束という歯止めがないことから，相互関係の如何によってどのようにでも揺れ動き，しばしば不法な状態にいたる可能性がある。しかしながら，互いに悪意をもって好き勝手な言動をふるいあうような関係は，人間の権利を破壊し，法と正義の尊厳を最高度に毀損するはずであるのに，それでもときには，不法とは言えない社会関係として成立しているかもしれない。すなわち，無法状態はつねに不法状態に一致するわけではないのである。

　カント自身は，婚姻関係が自然状態に基づくとはいっても，それは動物的な自然本性ではなく，あくまで理性の法則に従った自然的な性共同体であり，そのかぎりでは法則が命じる平等な占有関係の下にあると見なしてはいる。また家族共同体についても，人格における人間性の権利

に基づいた，法則の下にある共同社会として論じている。そのために，全体としてカントは，「放恣の自由」に基づいた自然状態から成立してくる公共のあり方を詳述することはしなかった。しかし，すでに封建主義ではなくなったはずの現代の家族関係や家社会にも，そうした共同体や公共体はしばしば見られる。共依存関係やハラスメント的関係によって崩壊する家庭も多いが，逆にそれによってようやく維持されている家族関係も存在する。ネットの仮想的共同体が「放恣の自由」によって炎上することもあるが，反対に，ヘイトスピーチの言動を繰り返すことで，民族主義的な社会に「公共的」な場を確保している人びともいる。さらには互恵に基づく国家ではなく，相互憎悪を原理として成立しているかに見える疑似国家などを考えてみればよい。それらはたしかに平等な占有関係ではなく，放恣の自由による自然主義に基づいているにもかかわらず，それでも事実的にある種の共同体や公共体の維持に成功しているように思われる。

　カント自身が「悪魔の民の国」や「悪の国家」と指摘するものに近似している，こうした共同体や公共体のあり方については，しばしばその外部との関係では不正義や不法であることが問題となるが，逆にその内部での関係については，不法とは言えないという法的判断が下されることも多い。ここにあるのは，本能や欲望への服従から脱却するという，自発的な自由意志の出発点にいたる以前の，したがって道徳や法的正義に基づく公共性までにはいたっていないが，それにもかかわらず，ある種の「自由」な公共性が存立しうることを，どう考えればよいかという問題である。そしてその根底にあるのは，かつては自由への方途であったはずの理性的規範が，現代ではむしろわれわれの「自由」を束縛する檻と見なされていることを，どのように評価すべきかという，近代性の原理に関する根本的な課題でもある。もちろん18世紀啓蒙期に生きているカントによれば，このような自然状態に基づく社会は，かりにそれが成立しているとしても，たんなる市民の統合体にとどまり，真の社会ではない。市民の統合体には相互関係が避けられず，無法な自然状態にいるかぎりはいつでも暴力が起きないという保証もない。共同体の法則である配分の正義を導入し，平等な権利をもつ市民の相互関係となって，はじめて仲間同士による市民の社会と呼べるものが成立する。それ

は公法が要請する状態であるが，同時に，法的状態にいようとする全員によって共有される関心によって結合されていることで，はじめて「公共体」と呼びうるものとなるとされている。

　たしかにその通りではあるのだが，そもそも法的状態にいようとする関心自体が，たんなる自然傾向性を脱却して法則へと自律的に向かう道徳的意志に近似的な，公共的関心に基づいていると考えるならば，ここには自由と道徳規範の循環論と同じように，ある種の公共性を認めるものは必然的にその種の公共体を作ることになるという，一種の同語反復が生じているだけだとも見なせるだろう。『判断力批判』では，互いの抗争に対置される公民的社会こそが自然の究極意図であるとしつつ，そのためには人間が十分に怜悧であり，法的強制に服従する賢明さがなければならないと指摘されている。『法論』における自然状態から市民状態への移行も，公法の要請としては必然的だとされるが，それは先にも述べたように，あくまで法の支配の下にあることに関心をもつような理性にとって必然的であるにすぎない。共依存関係やハラスメント的関係の維持に向かう関心，ヘイトスピーチの「公共的」な場や疑似国家の形成への関心などは，市民的公共性に背を向けている関心であるがゆえに，まさに非公共的な仕方で成立しているのである。そうしたいわばカルト的な共同体も現実に成立している中で，われわれはなにゆえ，配分の正義に基づいた市民的公共体への関心をもたねばならないのか，なぜわざわざ息苦しい理性的規範の下へと啓蒙され，「あえて賢かれ」という格律の下に置かれねばならないのか，という現代人の根本的な問いは，こうした循環論的な論証では，なお答えられていない。配分の正義などおよそ顧みずに，自然主義的な憎悪や欲望に従属して殺戮や不法行為を行い，公共性に背を向けているような社会や，それを形成している自然主義的関心に対して，われわれはどのようにすれば，カントの言う市民的正義の「公共体」へとその社会を向け変えること，あるいは向け変えるように説得することが可能となるのだろうか。

　倫理学的に主張されそうなのは，カントの選択意志は，本能や欲望への従属から脱すると同時に，自動的に意志の自己自律に向かうのであり，それは取りも直さず法則的な自己立法への志向なのだという見方である。しかし，自愛と自律が矛盾対立で，理性的存在者の意志にとって

この二つの他に道はないということを明確に論証できる保証はないように思われる。現実には，たとえば現代の国際政治情勢の中でしばしば適用されてきたように，自然状態による意志の傾向性に基づいた社会の成立は，人間の不可避的な根本悪に属し，つねに人間の権利を破壊する可能性をもつ脅威の存在であるから，将来の安全のために強制的に除去せねばならないという議論が多いだろう。その際，自然状態における放恣の自由などというものは，そもそも何らかの「自由」とは言えず，啓蒙以前の野蛮な隷属的状態をもたらすものでしかないとして，原理論的に一蹴することも可能ではある。あるいはまた，不完全なものとはいえ，他ならぬ自然によって人間に理性が与えられている以上，本能の放恣にまさる理性独自の構成的な役割があるはずだという，啓蒙的ないし道徳的役割をもつ自然主義的な理性論を論じた，『基礎づけ』の学術的な議論を提出することもできるだろう。これらはどれも，個別の意志ではなく，公共体や人間理性の全体的なあり方を中心として見る立場に基づいているが，それだけにまた，個別性と全体性との写像関係の不一致を考えれば，こうした見方自体が個別的で道徳的な見方に適っているものなのか，公的な正義の要請と見えるものが，じつはもう片方の悪人たちの共同体の放恣の自由にすぎないのではないのか，という自己反省を欠かすことができないように思われる。

2　一般実践理性の意志に基づいた公共性について

　前節では，動物的な本能や欲望，自己愛への服従である，「放恣の自由」に基づいて生じうる公共性という，現代における公共性の逆説的な事態について検討した。カントの自由論の基本的方向は，本能や欲望への服従から自由になり，自らが自己原因となって自発的に意志する，積極的で実践的な自由にいたることにある。そうは言ってもしかし，自発的な意志のすべてが道徳的な純粋実践理性のもたらす自由を実現しているのではない。『基礎づけ』にあるように，そうした理性的自由の中には，仮言命法を構成しているような，理性の一般的な表象に従う自由，理性的な「規則」を志向する自由，すなわち一般実践理性の自由があ

る。それらはときに，熟練の命法を基礎とした，それぞれの実質的な目的を立てて理性的な手段を選択する自由であり，また怜悧の命法を基礎とした，すべての理性が満足する「幸福」を目的として理性的な手段を選ぶ自由である。

　カントによれば，それらの自由はいずれも，道徳の命法の基礎にある，理性が必然的で絶対的だと思う「法則」を志向する自由，ないし理性の絶対的法則へと「自己自律」する意志の自由，すなわち純粋実践理性の自由ではない。一切の実質的動機や実質的目的を排除して，意志が自ら普遍的形式となることを実現しようとする純粋実践理性の作用とは異なって，一般実践理性の意志の発現である熟練の命法や怜悧の命法は，個々人が異なる実質的目的を立てて，そのための手段を意志する，あるいは理性の一般的な実質的目的である「幸福」を立てて，そのための手段を意志するものとされる。ただしその際，当然のことではあるが，実質的な目的のための手段を意志するのは自由で理性的な選択意志であって，その選択は，直観や感覚に従属している本能や欲望のように不自由なものであるわけではない。もしそうであれば，以下の問題は前節の「放恣の自由」へと逆戻りしてしまう。とはいえしかし，一般実践理性における理性的な選択意志が自由であることは，そのままただちに，実質的な目的や動機とされるものも理性的な目的や動機である，ということを意味してはいない。それはすなわち，われわれには，理性的な動機や目的ではないものに，しかも自発的に従う自由がありうるということである。

　周知のように「基礎づけ」の革新的な意志の定義によれば，理性的存在者の意志は，法則ではなく法則の表象に従う点に特徴をもつ。法則と行為を結合するためには理性が必要であり，だからこそここでの意志は理性的な選択意志となるのである。別の言い方をすれば，道徳法則の普遍形式も実質的な目的や動機も，それらが表象として原理化されることにより，はじめて理性的な選択意志の目的となりうる。今，後者の実質的原理の例を取りあげると，ある目的地に到達するための道順を意志するというような論理的で分析的な選択意志を別にすれば，たとえば，自分だけの好みは，実質的動機として理性的に表象されることで，選択意志の個別的対象となる。理性の一般的な実質的目的である「幸福」も，

それが何らかの実質的目的として理性的に表象されることで、同じように選択意志の一般的対象となる。ただし、自分だけの好みや一般的な「幸福」は、普遍的性格をもたないゆえに、格率を法則と一致させるという自律的な意志の普遍的対象とはなり得ない、したがってそれらからは道徳的な価値は出てこない、というのがカントの見立てだった。その見立て自体に問題があるわけではない。そうではなくて、問題は、好みや「幸福」は、それが理性的に表象される以前はそもそも理性的なものだったのかどうか、という点にある。おそらくそうではないだろう。好みは「感」であり、「幸福」は当時の常識哲学や道徳感情論によるものと同様で、ともに理性によっては分析的に表象化ができないものではないか。だからこそ理性的に表象化しようとしても普遍的原理となることはしょせん不可能なのであり、せいぜい限定的な一般規則とはなり得ても、無限定な純粋意志の対象とはなり得ないのであろう。

　このように、理性的な選択意志が、限定的規則であれ無限定な普遍法則であれ、いずれにしても理性的に表象化された諸原理に従うのであれば、理性的存在者の意志は法則ではなく法則の表象に従うというカントの自由意志論には、法則を表象化する理性と、その表象に基づいて行為を導出する理性という、理性の二重の働きが含まれることになる。カントが一般実践哲学の原理としてあげている諸概念の中で、目的地への道順のような、制度的に社会化された一般規則は、はじめから理性的に翻訳され、規則化されているとも言えるので、それを理性的に選択するかしないかは、自明な選択の問題となる。しかし、好みや「幸福」のように、そもそも理性的な動機や目的ではないと思われるものについては、それほどスムースなプロセスとはならないだろう。言語の例で言うなら、まずもって、非理性的な何物かを理性がいわば翻訳して表象化し、意志の一般規則の原理として選択可能な言語レベルにもたらさねばならないからである。

　このような議論を続けてきたのには、ひとつの理由がある。20世紀中盤以降の、システム論的な公共体や公共性の社会理論では、公共性の構成仕方や機能的な関係構造が注目される場合が多いのだが、それでも、公共性の原理そのものに目が向いていないわけではない。21世紀以降になって、臨床系のシステム論やコミュニティ論では、計算主義や

機械論的なシステム設定の原理を超えた，よりヒューマンな公共性の原理が模索されるようになった。一例をあげれば，日常的に患者の生の身体やパーソナルな心理に接することの多い，看護のシステムやコミュニティは，人間を道具や機械のように扱う機械論的な医療システムや，生命の維持と促進のための単純な目的論的システムについて，チューブ人間化や人工的生命管理による人間の尊厳の毀損を生じるとして，批判的な目を向けることがある。身体や心理を含むコミュニケーション・システムとしての看護共同体を構築するためには，従来の機械論や生命論とは異なった，身体や心理を含む哲学的世界観と，それを的確に記述し表現できる言語が求められる。そして現在，彼らの多くが準拠しようとするのは，ハイデッガーの解釈学的現象学やメルロ＝ポンティの身体論などが示す，原事態の場における相互関係を純粋に記述する理論であって，そこにカントの名が見出されることはあまりない。その一方で，現代の公共性の理論の中でカントが使われるのは，合理的なコミュニケーション的行為や理想的議論共同体という，理性的な翻訳や通訳が共約可能的に行われることを，少なくとも仮想的に前提するような場面に限られているように思われる。

　なぜ解釈学的現象学のような，翻訳の共約可能性や理性的翻訳の論証に先立つ原事態に立つことが，カントより使われる共同体理論なのか。それは，カントの理性的な選択意志が，限定的規則であれ無限定な普遍法則であれ，いずれにしても理性的に表象化された諸原理に従う，という点が覆らぬかぎり，仮言命法に従って成立する社会，あるいは定言命法に従って成立するはずの目的の国のような道徳的共同体のどちらであっても，彼の公共性は，言ってみればひとつの理性的言語レベルでしか成立しないようなもの，と解釈されているからではないか。さらに，そこで使われている理性的言語は，科学的合理性や法的論理性に近く，そうした合理的で合法的な公共性を表現するには適したものだが，他方でそれは，好みや「幸福」のような，身体的感覚や運動感覚の現場からはかけ離れた翻訳言語であり，それらの現場に関しては，カントはいわば理性による拙い機械的翻訳に基づいた理論を形成しているのではないか，という疑念が感じられる。カントが好みや「幸福」のような非理性的な原理の現場について，すでにつねに理性的翻訳の共約可能性を前提

した立場からしか語っておらず，なおかつ現代が，グローバル言語や科学イデオロギーなどの同一性の現前の形而上学に対する反感と同様に，そうした理性的な翻訳言語の単純な共有を信用しなくなっているとすれば，拙い機械的翻訳に基づいた理論を形成していると理解されるカントは，批判されるべき方向の先兵の役割を担わされてしまうことになる。

　しかし，論者は，カントの見方にはもう少し含蓄があるのではないかと考える。本節では，道徳的な定言命法ではなく，もっぱら実質的な目的や動機に基づいた仮言命法の成立を問題としているが，カントが，理性の一般的な実質的目的である「幸福」を，意志の普遍的原理となることは不可能であるにせよ，何らかの実質的目的として理性的に表象され，怜悧の命法として選択意志の対象となると見なしている点には，硬直した機械的翻訳を正当化しようという主張ばかりが見られるわけではない。われわれは，理性によってはうまく了解できない，すなわち分析的に表象化ができない，感情や身体のように非理性的な目的や動機を，自己認識や相互了解の原事態として所有しているだろう。しかしそうした「暗い場」を何とか翻訳して原理化し，部分的には理性的意志の対象として明示的にすることで，公共的な努力目標にすらなしうる可能性がある，という反事実的な指向性を共有することが，そもそも啓蒙的理性に期待される役割だったのではないか。ただし，アプリオリな共約可能性に基づいた完全な翻訳ができるはずだ，という理想は理念的な全体性にすぎず，相互了解はあくまでも仮言的なものにとどまるべきで，絶対的で定言的な意志の原理としてはならないという点を，カントは批判主義的に強調しているのではないか。そこにあるのは理性的意志によって知識や理解を公共化して行こうとする持続的な努力と希望の強調であり，今ひとつは，特定の共同性や共同体の原理でしかないものを，全体的な公共体や公共性を僭称してイデオロギー化することへの批判であるように思われる。

3　心理主義とケア的な公共体について

　小論の序で示した，目的の国，徳の国，法的市民社会という，カント

の三種類の公共体のあり方は，理性の個別性と全体的な理念性に関して言えば，それぞれに異なる性格のものだったが，他方では，それらのいずれにも通底する二つの共通点がある。その第一は，カントの公共がいずれも論理的な意味において法則的なものであり，感情などの心理的なものに対してはやや無頓着だということである。法則の普遍化可能性は道徳性の最大の要素だが，そこにある強制の息苦しさの感情は，公共性の成立の妨げとはならない。心理主義的な不完全さに基づく経験論を批判し，論理性と厳密な証明による実践的形而上学の原理を求めるのが，学術に向かうカントの志向性であれば，人間の諸能力の内で，公共体がかかわるのはもっぱら理性的意志のもつ普遍的形式性のみとされ，理性に存する理念的な全体性の原理がその重要な要素となったことは，なんら不思議なことではないだろう。しかしその一方で，前節までに見られた通り，悪意による公共体の成立や，好みや幸福という感情的な動機の原理性など，現代世界での問題は，しばしば心理主義的で非理性的な原理に基づいた公共のあり方に対して，カントの理性的な公共理論がどれほど応対できるのかという問題だった。

　第二の共通点とは，規範的意志をもつものについて，それを目的の国を立法する元首と見る場合でも，政治的公共体において公法の強制の下にある一成員として見る場合でも，いずれにしてもカントの公共における理性的存在者は，はじめから平等ないし対等な権利を占有すべきであり，占有しうる存在者と見なされている点である。もちろん平等な自由や独立の権利保障ということは，封建的な不自由，不平等や従属関係の打破を社会的理想として胚胎していた近代の公共社会にとって，アプリオリに前提されねばならない原理であっただろう。しかしながら，多くの人間が，理性の規範的で強制的な拘束を息苦しいとみなす現代世界では，平等な自由や独立といった公法の要請は，むしろ事実的に存する不平等や差異を制度的に隠蔽してしまい，そのためにかえって，人間の基本的な権利や自由を侵害してしまうものとも見なされている。性差や能力差，種々の社会的格差などの現実的差異の存在を無視した，教条的で官僚的な法的強制への批判は，カント的な公共への批判と重なりあうものとも言える。

　カントの論理的な道徳性をピアジェらの発達心理学と結びつけた考

え方に，ローレンス・コールバーグによる道徳性の発達段階論がある。コールバーグによれば人間の道徳性は，前慣習レベルの第一ステージである力への服従や道具主義的相対主義から，第二ステージである慣習レベルの対人同調や現状の法秩序の維持へ，さらに第三ステージの脱慣習レベルである，社会契約による法の遵守や，法秩序を超えた普遍的な倫理原理の尊重へと心理的に成長する。こうした見方は，カントが意識的に忌避している心理主義であって，論理主義，形式主義とは異なる側面であり，法則を遵守するという意志の内的論理的格律に基づくカントの心術倫理を，たんなる感情による心理主義と誤解しているのではないか，と見ることはできる。しかしその一方で，現代の公共性への関心は法的形式性が中心なのか，むしろ心理的帰属感の面が大きいのではないかという，先の第一の共通点にかかわる問題，すなわち非理性的原理とそれに基づいた公共のあり方に対して，カントの理性的な公共理論がどれほど応対できるのかという問題については，コールバーグの理論の方がむしろ柔軟性をもって，普遍的な論理性をもつ倫理的共同体への展開を説明できているようでもある。

　しかし，今ひとつの共通点に関しては，問題が残る。放恣な自由や関心の自由という作用を制限することによって，道徳的自由や美的自由の作用を確保し，もって種々の世界を構成しようとするところに成立するカントの公共性は，コールバーグの段階でいう，前慣習的から慣習的，さらに脱慣習的段階へと進展する倫理的過程であり，自由・平等・独立である人間の，啓蒙的な成長陶冶の過程という点では同種のものである。これらの公共性は，成立しているはずの普遍的な人格の尊厳に基づいて公共的な社会を構成しようという，未来投企的な能動的性格の勝ったものと言える。だがこの点では，人種・社会階層の異なる女性たちの意見を集約した，キャロル・ギリガンによるコールバーグへの批判が意味をもってくる。ギリガンによれば，道徳性は次のような三段階をへて発達する。すなわち，生存を確保するためにもっぱら自分を思いやる第一段階，他人に思いやりを示すことを大事にして自分を排除する第二段階，他者と自分の新しい結びつきに目を開かれ，自分の強さで選びとった責任性が基準点となる第三段階。この見解もコールバーグと同様に心理的なものであると同時に，最終的にはカントと同様な自律的な選択意

志の倫理にいたるのだが，自律や平等，自由などの概念は，各状況での体験や移行にいたる葛藤によって人格的成長が促された結果として成立するのであって，状況に非依存なアプリオリな原理として前提されてはいない。ここでは，事実的な世界の中でのみずからの格差経験を通じて，そうした格差問題への心理的解決がなされることが，自由・平等・独立の了解の地平を獲得して行くことと同義であり，その場その場に応じて柔軟に，自他の相互配慮的な，すなわちケア的な尊厳をもった公共性が確立されて行くことになる。

　ケア的な相互配慮の場に置かれているのは，画一的に啓蒙された平等な市民ではなく，むしろ不自由・不平等・依存的な多様な人間であり，公共性もその傾斜した地平の中から成立しなければならないという考え方は，カントが考えていなかった視点に立っていると言える。現代の家族関係，臨床看護，社会福祉，初中等教育等にかかわるコミュニティでは，啓蒙された人格による自己投企的な公共体の構成が努力目標とされる一方で，事実的には，配慮や受苦や同情として現れる被投性に基づいた，相互配慮的な公共性の段階に，解決を必要とする問題が多く含まれている。後者の被投的な公共性は，コールバーグの倫理では，社会慣習に従う以前の本能や生物的欲求のみに従うものと見なされた。しかしその段階を，啓蒙的成長の前段階に過ぎない低次元の価値の公共性とする見方は，ギリガン以降のケア的公共性の立場から見れば一種の抑圧であり，状況や相互配慮を排除し，自律を無条件かつ一律に強制するものである。そしてさらにその強制が，やむを得ぬ事情で弱者の位置に置かれている者へと向けられる場合には，強制の内容が道徳的か否かにかかわらず，弱者の自由を束縛するパワー・ハラスメントとも見なされることになる。カントの道徳的公共性の基礎となっている内的な心術倫理は，内官に必然的な心理的側面と，形式性の論理的側面との統合によって成立するものだが，カントは，感情的側面としては法則に対する尊敬感情しか認めないことでたんなる心理主義に陥らず，人間性目的のような人格の尊厳論をもっぱら普遍的法則の論理性へと還元することで，非論理的な形而上学的原理に基づくことをも避けていると言える。だがそのために，道徳的公共性を基盤とする彼の公共論では，事実的な心理性から論理が成立するのではなく，平等な権利などのようなアプリオリで論理

的な普遍法則性を先置せざるを得ず，そうした論理性が心理的関係を制約せざるを得ないことになる。少なくとも心理的には不安的で傾斜した地平の中から成立せねばならない。だとすれば，相互配慮のケア的関係や，そうした関係に基づいた公共的なコミュニティのあり方に，カントの見方が寄与しうることは，如何にして可能なのだろうか。

結語　　語られなかった公共の問題圏について

　小論では紙幅の制約により，いくつかの論点の提示のみにとどまり，また，カントと公共をめぐる二つの重要な問題圏に触れることができなかった。その第一は，悟性と構想力との自由な戯れによって生じ，目的なき合目的性に対する共通感情を適意として共有する，美感的公共性である。この公共性には，たんなる論理的能力ではない判断力の陶冶が必要であり，判断力の陶冶と戯れの「自由」のレベルは相関する。そうした展開可能性に，美感的公共性だけでなく，科学的ないし政治的公共性にいたる可能性を見ることが可能であるが，今回は紙幅の都合で割愛せざるを得ない。そして第二には，社会システムの問題がある。20世紀中盤のシステム論の成立以降，公共について語ることは，およそ全体としての社会システムについて社会科学的に語ることであるとも見なされるようになった。社会システムにおける構造契機とその相互関係についての複雑性の計算理論，公共体の成立構造と全体の駆動原理との関連など，公共論のもっとも現代的な部分とカント哲学との関連についても語らねばならぬ点が多いことは承知しているが，これについても詳論は別の機会に譲ることとしたい。

　＊紙幅の関係から参照文献，参照注および原綴はすべて割愛した。またカントの著作名『人倫の形而上学の基礎づけ』，『判断力批判』，『たんなる理性の限界内における宗教』，『人倫の形而上学（法論，徳論）』等は通例に基づいて略記した。

〈シンポジウム「3.11後の『公共』とカント——Kant in Fukushima〉

手続きとしての公表性がもつポテンシャリティ*⁾

————————

舟場　保之

　カントは『永遠平和のために』のなかで，永遠平和のための第三確定条項を世界市民法に関係させて論じ，その最後の段落で，カントの時代において「地球上の・ひ・と・つ・の・場・所・で生じた法の侵害が・す・べ・て・の・場・所・で感じとられる」(VIII, 360)[1]ようになっていると論じている。これが事実かどうかはさておき，地球上のある場所で生じた不正が地球上のすべての場所において不正であるとみなされるためには，少なくとも，次のふたつの条件が満たされていなければならないだろう。ひとつは，当該の出来事が地球上のあらゆる場所において知られるということである。その出来事が知られない場所においては，それが不正であると判定されることは原理的にありえないだろう。もうひとつは，何を不正とみなすかということにかんして，地球上において共通の尺度が妥当性をもつことである。正不正にかんして，地球上において共通の尺度が妥当性をもたないとすると，ある場所において不正とみなされた出来事が，ほかの場所では必ずしも不正とみなされるとはかぎらないことになるので，それゆえその出来事が地球上のあらゆる場所において不正とみなされるわけではないということもありうるだろう。では，ある出来事が地球上のあらゆる場所で「不正なこと」として「知られる」こうしたふたつの条件

———
　＊）カントからの引用は，アカデミー版カント全集の巻数および頁数を丸括弧内に記す。なお，引用文中の傍点はカントによる強調である。
　1)「感じとられる」は，あくまでレトリックとして受けとることとする。重要なのが，感受性であるはずがない。

を満たすことができるための状況とは，どのようなものであるだろうか。それは何が成立し，何が行われている状況として描くことができるだろうか。

　ところで，シンポジウムのテーマは「3.11後の「公共」とカント」である。私は以下において，これらふたつの条件を満たしうる異議申し立てのプロセスにおいてこそ，まさしく「公共」が成立するということを主張し，「公共」において行われていることを明らかにしたいと思う。ただし，主張に先立って断っておきたいのは，シンポジウムのテーマはまさしく「3.11後」という文言が示すように，現代の問題状況とカント哲学とを結びつけるものであるから，カントのテクストに一言一句忠実に即したままで「公共」を語ることは，カントのテクストが神話でもないかぎり，とうてい不可能であるように思われる，ということである。したがって拙論においては，まず，ポスト形而上学の時代である現代において公共性をテーマ化するユルゲン・ハーバーマスの議論[2]を手がかりとしたい（第1節）。そこで論じられる〈市民社会〉には，カントが法哲学を論じるいくつかの著作において使用する概念を用いて，理論的基盤を与えることが可能である。またそうすることを通じて，現代における「公共」のあり方にも方向性を示すことができるようになるが（第2節），これを具体的に展開するために，現代の公共圏において実際に言論活動を続ける柄谷行人の議論を援用したい（第3節）。

　2）「……モデルネは，手続き的な（prozedural）理性に，すなわち自己自身に対して批判的な（prozessierend）理性に依拠し続けるとも言える。理性批判は，理性自身の産物である。批判する主体であり客体であるというカントの理性についてのこうした二重の意味づけは，〈私たちは言語によって構造化された生活形式に生きる者であるのだが，こうした私たちは，このような生活形式よりもより高次のものやより深いものに訴えることなどできない〉という徹底した反プラトン主義的見解に基づいている。」つまりハーバーマスは，ポスト形而上学的思考を前提せざるを得ない以上，カントの理性批判は手続き主義的に理解されると考えていることになる。Jürgen Habermas, *Faktizität und Geltung* (=FG), Suhrkamp, 1998, S. 11. また，以下の論文集においては次のように言われている。「公共性の概念に，哲学および社会科学の基礎研究においても中心的な役割を与えるうえで決定的な貢献を果たしたのは，……ユルゲン・ハーバーマスである。」Lutz Wingert, Klaus Günther (Hg.), *Die Öffentlichkeit der Vernunft und die Vernunft der Öffentlichkeit*, Suhrkamp, 2001, S. 7.

第 1 節　ハーバーマスにおける「市民社会」と〈市民社会〉

　ハーバーマスは,『公共性の構造転換』[3]新版の「序言」において, その旧版について次のように論じている。

> 「止揚されない多様な利害が競合することによって, ……公論がみずからの尺度を見出すことで普遍的利害というものがいつか生じるかどうかが疑わしくなっている」とき,『公共性の構造転換』の同時代の民主主義理論への貢献は怪しいものとならざるを得なかった。(SW, 33)

　民主主義理論への貢献にかんして旧版に否定的な評価が与えられるのは, 市民的公共圏において主題化されるのは多様な利害であるが, このような多様な利害の対立を解消できるような普遍的利害を明らかにするための尺度は, 公論によって形成できないと考えられたからである。これに対して新版では, 本文そのものに大幅な変更が加えられることはないが, 「序言」において, 民主主義理論の問題への貢献が射程に収められた上で (Vgl. SW, 12), 新たな議論が展開されている[4]。

　ハーバーマスが新版を出すことを決めた理由のひとつは「中欧および東欧の遅ればせの革命[5]」(SW, 11) にある。ここでは人と人とのある種の結びつきを可能にする〈市民社会〉(Zivilgesellschaft) が成立し, 「平和的に行われる市民運動」(SW, 47) を通じて政治的公共圏が形成され, 全体主義的支配の打倒が実現されたのだった。この〈市民社会〉

　3）　Jürgen Habermas, *Strukturwandel der Öffentlichkeit* (=SW), Suhrkamp, 1990 [1962]. ユルゲン・ハーバーマス著, 細谷貞雄・山田正行訳『公共性の構造転換』未來社, 1994 年。訳文を適宜参照した。

　4）　要するに新版とは, 40 頁にもわたる新たな「序言」がつけ加えられた版のことを言う。

　5）　「遅ればせの革命」は, ハーバーマスの論文集のタイトルでもある。ただしそこで扱われているのは, もっぱら旧東ドイツにおける「革命」である。Jürgen Habermas, *Die nachholende Revolution*, Suhrkamp, 1990.

は，ヘーゲルおよびマルクス以来の「経済的な市民社会」(bürgerliche Gesellschaft) のことではなく，「労働市場，資本市場そして財の市場を介して制御される経済の圏域をもはや含意することはない。」(SW, 46)[6] このような〈市民社会〉においては，人と人とは経済的利害によって結びついているわけではない。この〈市民社会〉の制度的核心をなすのは，「自由意志という基礎にもとづく非国家的で非経済的な結合関係」(Ebd.) なのである。人と人とが経済的利害によって結びついているのであれば，市民運動は経済的利害にかんする運動であっただろうし，政府に対してもっぱら経済的な要求がなされていただろう。しかし遅ればせの革命が，もちろん経済的な要求とまったく関係がなかったわけではないにせよ，政党とは異なって行政システムに属することなく政治的効果をもたらすような「非国家的で非経済的な」「アソシエーション」(Ebd.)[7] によって牽引されたことは，たしかなことである (Vgl. SW, 47)。つまりハーバーマスが，旧版において市民的公共圏に対して悲観的であり，30年を隔ててそこに可能性を見出すことができるようになったのは，非国家的で非経済的な人と人との結合関係を目の当たりにし，経済的イシューではなく政治的イシューを主題化する批判的コミュニケーションが実践されるような〈市民社会〉を構想することができるようになったからである[8]。ところがこのような〈市民社会〉のありよう

---

6) 『事実性と妥当』においても，ほぼ同じように言われている。「〈市民社会〉は……自由主義の伝統でいわれる「経済的な市民社会」とは異なる意味と結びついている。[……。] つまり今日〈市民社会〉と呼ばれるものは，マルクスやマルクス主義の場合においてはまだそうだったのとは異なり，私権によって構築され，労働市場，資本市場そして財の市場を介して制御される経済をもはや含意することはない。」(FG, 443) また，〈市民社会〉と公共性については，FG, 435-467 に詳しい。

7) ハーバーマスは，J. キーンから引用して，このようなアソシエーションの政治的任務ないし機能を明らかにしている。Vgl. SW, 46, John Keane, *Democracy and Civil Society*, Verso, 1988.

8) 政治的イシューが主題化される〈市民社会〉という考え方にかんしては，ハーバーマスはハンナ・アーレントと非常に近いところにいると言えるかもしれない。しかし，近代を未完のプロジェクトとして理解するハーバーマスが，規範の「普遍主義的な基盤」(Jürgen Habermas, *Kleine Politische Schriften* I-IV, Suhrkamp, 1981, S.453) を探究し，「共同体感覚」のようなものではなく手続き主義に到達する点で，両者は大いに異なっており，またこのことは，本論考がアーレントではなくハーバーマスを手がかりとする最大の理由でもある。Cf. Hannah Arendt, *Lectures on Kant's Political Philosophy*, Ronald Beiner (ed.), The University of Chicago Press, 1982, p. 71. また，次の文言を本文の末尾とする以下の論考も参照せよ。「かつ

は，カント哲学のうちにその理論的裏づけを読みとることができる。以下において，このことを示したい。

第 2 節　「法的自由」，「公法の超越論的定式」，そして手続き主義

　カントは『永遠平和のために』「付録 2」において，公法（öffentliches Recht）のもついかなる実質を捨象したとしてもなお公表性（Publizität）という形式が残ることに言及したうえで，「政治と道徳の一致」を論じ始めている（Vgl. VIII, 381）。ただし「政治と道徳の不一致」が論じられる「付録 1」で，政治は「実地の法論」とされ，道徳は「理論としての法論」とされていることから（Vgl. VIII, 370），「政治と道徳の一致」において扱われるのは，法にかんする理論と実践の問題である。すでに『理論と実践』において理論と実践の一致を疑う物言いが「俗言」（Gemeinspruch）（VIII, 273）と呼ばれていたように，『永遠平和のために』においても「理論と実践にはいかなる争いもない」（VIII, 370）と言われている。したがって，「付録 2」では，公表性を鍵として，理論として妥当性をもつ法が実践においても妥当性をもつことが，明らかにされることになるだろう。

　ところでカントは，「付録 2」に先立って，市民的・法的体制の根拠をなす 3 つのアプリオリな原理のうちのひとつとして，「社会の成員の（人間としての）自̇由̇」（VIII, 349）について論じている。これは注において，「同意できた以外のいかなる外的法則にも従わない権能」である「法̇的̇（外的）自̇由̇」（VIII, 350 Anm.）として説明されている。『理論と実践』においても，同様の原理のひとつとして「社会の各成員の人間としての自̇由̇」（VIII, 290）があげられているが，『理論と実践』における

て第三批判の「共通感能」の思想に拠りつつ人間の共生可能性を基礎づけようとした一解釈は，かえって或る種の実定的な共同体論へと閉塞せざるを得なかった。「判断力」がレトリック出自の概念であることの消息を問い尋ねてきた本章の議論は，これとは別の鉱脈を探り当てるためのささやかな試みでもあった。」山根雄一郎「レトリックと判断力――「反省的判断力」の起源とその射程をめぐる一試論」『現代カント研究 11　判断力の問題圏』（小野原雅夫，山根雄一郎編），晃洋書房，2009 年，124 頁。

記述はその2年後に刊行された著作よりも詳しい。

> 人間としての自由は，公共体を構築するための原理であり，それをわたしは次のような定式で表現する。なんびとも，（その人が他の人間の幸福であると考えるような）その人の仕方で，わたしが幸福になるよう強制することはできない。各人は，その人自身に適切と思われる方法によって自分の幸福を求めて差支えないのである。ただその場合に，他の人々が自分と同様の目的を追求する自由——すなわちその場合に可能な普遍的法則に従っていかなる人の自由とも共存し得るような自由（換言すれば，他の人の権利）を毀損さえしなければよいのである。(Ebd.)

このように『理論と実践』においては，「人間としての自由」は，他の人の自由と両立しうるかぎりで，自己にとって何を幸福であると考えるのかは自由であるということであり，端的に言えば，それは他の人の自由と共存しうるかぎりでの善構想の自由にほかならない。このような自由が市民的・法的体制が成立するための原理なのだから，公法はいかなる善構想にも関係しないことになる。公法が特定の善構想を前提するのであれば，その公法の下にいる社会の成員は当該の善構想を正当に（！）強制されることになってしまうからである。社会の成員は，特定の善構想が前提された公法の妥当性にかんして同意することはできない。『永遠平和のために』で言われていた「同意できた以外のいかなる外的法則にも従わない権能」とは，このように考えるとき，まずは，善構想を前提する外的法則には従わない権能を含意しており，善構想を前提する法は妥当性をもたないことが示唆されていることになる。実際カントは，引用箇所に続けて，国民はどうなれば幸福であるかを定める政府のことを「家父長的政府」(väterliche Regierung, imperium paternale)[9]

---

9) 言うまでもなく，家父長的政府に対して，「母の懐」(mütterlicher Schoss) や「父祖の土地」(väterlicher Boden) といった語句を用いて形容する「祖国的政府」(vaterländische Regierung, imperium non paternale, sed patrioticum) を肯定的に評価する（Vgl. VIII, 291）点で，カントが歴史的制約を免れないことは明白である。家父長とは異なる家族のメタファーを用いて称揚されるパトリオティズムが，イデオロギーとして一層問題的であることは，現代ではよく知られているからである。

と呼び,「考えうる最大の専制」として糾弾している（Vgl. VIII, 290f.）。

ところが，こうしたコンテクストにおいて注目されるべきことは，『理論と実践』において,「公共体の各成員の市民としての自立」（VIII, 290）が市民的‐法的体制が成立するためのアプリオリな原理のひとつとされていることである。「自立」とは,「自分自身の主人であること，すなわち生活の資となるような……所有物をもつこと」（VIII, 295）[10]である。生きていくためにかかる費用を，自己の労力を他者に売る必要がある者は自立していないが，自己の所有物と引き換えに生活費を手にすることができる者は自立している，というわけである。こうした人々は，ハーバーマスの言葉を使って言えば，経済的に自立しているがゆえに,「国家市民としての特性において，あたかも内的に自由な人間であるかのように外的にふるまう。」（SW, 189）もちろんこのような想定は，誤っているだろう。〈持てる者〉たちは自己の利害関心から離れ，いわばニュートラルに〈持たざる者〉たちをも代表するというわけではけっしてなく，〈持てる者〉たちの意見は〈持てる者〉たちの善構想を反映したものにすぎない。「利害関心をもつ私有財産所有者と自律的個人そのものの同一化をもっともらしく見せる」のは,「自由な商品取引に内在する正義というフィクション」（SW, 188）が前提されているからであり，いずれ〈持てる者〉たちの意見は「イデオロギーとして告発」（SW, 195）されることになる。ただし，このような誤りにおいて逆に，市民的‐法的体制の根拠づけにかんして，カントから読みとらなければならない事柄が明らかになる。カントが市民的‐法的体制を根拠づけるひとつの原理として〈持てる者〉であることを掲げたのは，〈持てる者〉こそが，持てるがゆえに特殊な経済的利害関心からは自由に法制定を行うことができ，特定の善構想を前提しない公平な市民的‐法的体制を実現できる者であると考えたからである。この考えそのものは誤りであったとしても，ここから，市民的‐法的体制において

---

10) 投票権をもつ資格として，所有物をもつかどうかの前に，カントは「自然的な」（VIII, 295）資格をあげ，女性であることを自然的なことと前提したうえで，女性には投票権を認めていない。女性であることを自然的なこととする理解はアーレントにも見出すことができるが，それはたんなる錯誤である。Vgl. Judith Butler, *Gender trouble*, Routledge, 1999, pp.10, Hannah Arendt, *Gershom Scholem Briefe II 1948-1970*, C.H.Beck, 1995, S. 100.

は，特定の善構想を前提することなく法制定が行われなければならないこと，このことを読みとる必要があるだろう。こうした読み方は，すでに論じた市民的‐法的体制を根拠づける原理である「法的（外的）自由」ないし「人間としての自由」にかんする議論に符合するものである。では，「法的（外的）自由」ないし「人間としての自由」は，公法の成立とどのように関係するのか。

「付録２」においては，公法の超越論的定式として「他の人の権利とかかわる行為で，その格率が公表性と合致しないものはすべて不正である」（VIII, 381）と言われている。公法は，その内容がさまざまであっても，すべて公表性という形式を有している。なぜなら，この形式をもたなければいかなる正義もありえず（「正義は公に知られうるものとしてのみ考えることができる」（Ebd.）），それゆえいかなる法も存在しなくなるからである。法的要求（正）が公表性と合致するということは，公表性と合致しないものは不正であることを意味するから，上述のような定式化が行われることになる。ここで注意したいのは，行為（および格率）が不正であるから，その格率は公表性と合致しないということではなく，格率が公表性と合致しないから，その行為（および格率）は不正である，と言われている点である。これは，格率が公表性と合致するかどうかということに論理的に先立って，行為（および格率）の正不正が判明するわけではないことを意味する。格率が公表性と合致するかどうかが明らかになってはじめて，行為（および格率）の正不正も明らかになるということである。では，どうして格率が公表性と合致しないとき，その格率は不正であると言えるのか。格率が公表性と合致しないということの含意は，いったいどこにあるのか。

カントは，定式化されたこの原理の適用例をあげている。たとえば国内法にかんして，「人民にとって反乱は，……暴君の抑圧的な暴力を脱するための合法的な手段であるか」という問いがとりあげられ，公表性と合致しない格率は不正であると論じられる（Ebd.）。国家体制を設立する際に，場合によっては国家元首に暴力を行使することを条件としていたら，つまるところ国家体制を設立するという人民の当初の意図は果たせなくなる。それゆえ，場合によっては国家元首に暴力を行使するということは，公にするわけにはいかない。「つまり反乱が不正であるこ

とは，格率が公言されることによって，それが人民のもともとの意図を不可能にすることによって明らかである。」(Ebd.) 格率が公表性と合致しないのは，格率が公表された場合，それがひとつの矛盾を招く（国家体制を設立することと国家体制を設立しないこと）からであり，ここに不正の根拠が見出されているように見える。国際法にかんしても3つの例を用いて説明がなされるが，いずれも格率が公表された場合に「意図を挫折させる」(VIII, 384) がゆえに，格率は不正であると論じられているように見える。しかし，このような矛盾を招くことがなぜ不正の根拠になるのだろう。たんに論理的に矛盾すること，そのことが不正の根拠となるのであろうか。

　問題は，論理的な矛盾そのことにあるのではない。注目すべきなのは，「万人を脅かす不正」をともなう格率が，「私の目論見に対する万人の反対を不可避的に引き起こすことなくして，公言することのできない格率」(VIII, 381) として論じられている点である。ここでは，公表（公言）することと他者による反対が「不可避的に」結びつけられている。ハーバーマスのコミュニケーション論においては，話し手は発話とともに妥当要求を掲げ，必要に応じて行われる認証によって，その要求が普遍妥当性をもつことにかんして聞き手との間で合意に至りうることが想定されている[11]。それゆえ「万人を脅かす不正」をともなう格率とは，公表されその規範的正当性の妥当要求が掲げられるとき[12]，その要求の妥当性にかんして他者によって不可避的に異が唱えられるような格率のことである。このとき話し手と聞き手は，この格率の規範的正当性にかんして合意に至ることはできない。つまり格率が公表性に合致しないということで問題となっているのは，格率の規範的正当性についての要求が他者によって承認されないということであり，格率の正当性について合意形成を行うことができない，ということである。だからこそ，格率が公表性と合致しないとき，その格率は不正なのである。

---

11) Vgl. Jürgen Habermas, *Nachmetaphysisches Denken*, Suhrkamp, 1988, S.75-81, S.123-128.

12) 妥当要求には，規範的正当性のほか，命題的真理性および主観的誠実性があり，コミュニケーション状況においては，通常いずれかの妥当要求が明示的に主題化されているが，しかし潜在的には残りの2つも同時に聞き手による承認が求められている。Vgl. Ebd.

このように，法的要求が公表性と合致するかどうかということによって焦点となるのが，法的要求の妥当性にかんする合意形成が可能かどうかということにあるのだとすれば，公法の超越論的定式（「他の人の権利とかかわる行為で，その格率が公表性と合致しないものはすべて不正である」）は，法制定の手続き主義的原理を表現していることになるだろう。妥当性にかんして合意可能でないような規範は正当性を欠くものであり，逆に規範として正当性をもつ法とは，その妥当性にかんして合意可能なものである。公法の超越論的定式をこのように手続き主義的原理として理解することは，法的体制の原理のひとつが「法的（外的）自由」であることとも整合性をもつ。というのも，「法的（外的）自由」は，「同意できた以外のいかなる外的法則にも従わない権能」のことだったからである。ある外的法則が妥当性をもつとすれば，その法則は遵守しなければならないが，法的（外的）自由によれば，遵守しなければならない法とは，その妥当性にかんして同意できたものにほかならない。ところが，ある外的法則の妥当性に同意できるには，その法則が公表され妥当性にかんして吟味がなされなければならないのである。公表されることなく，妥当性にかんして吟味されることのない外的法則について，同意することは不可能であり，そのような法則は正当性をもつ法則として遵守することはできない。「公表性と合致しない」法的要求は，すなわち「不正」である。

　以上から，公法の超越論的定式の議論と法的体制のアプリオリな原理にかんする議論によって，『公共性の構造転換』新版の「序言」においてハーバーマスが見出した〈市民社会〉に理論的根拠を与えることができるだろう。ハーバーマスが旧版とは異なり新版において可能性を見たのは，「経済的な市民社会」ではなく「非国家的で非経済的な」「アソシエーション」という人間関係を核とする〈市民社会〉であった。この〈市民社会〉では，経済的イシューではなく政治的イシューが主題的に問題化され，既存の体制に対する批判的コミュニケーションが形成されるのだった。カントの論じる「法的（外的）自由」も，善構想の自由を含意しており，同意するかどうかが問題となる対象は，いかなる善構想でもなく，法的要求であった。ある法的要求が妥当性をもつかどうかは，「社会の成員の自由」ゆえに，成員たちの同意にかかっている。成

員たちが掲げられた規範的正当性の妥当要求に同意できない法は妥当性をもつことができず，妥当性をもつ法とは成員たちがこうした妥当要求にかんして同意できたものである。また，ハーバーマスの〈市民社会〉に理論的裏づけを与えうるカントのこのような議論は，カント哲学の枠組み自体において言えば，公表性によって政治と道徳の一致，実地の法論と理論としての法論の一致，法にかんする理論と実践の一致が成立することになる。法的要求は，法的体制の成員間の合意を通じて正不正が判明し，妥当性をもつかどうかが明らかになるからである。

第3節　妥当性を更新し続けることとしての公共性

議論の出発点は，『永遠平和のために』にあるひとつの文だった。そこで言われていることが成立するためには，出来事が知られることに加え，地球上においてひとつの共通の法が妥当性をもっている必要があった。そうでなければ，ある場所では不正だと考えられる事柄が他の場所では不正だと考えられないということもありうるからである。ところで，すでに論じたように，法が妥当性をもつには法的体制の成員間の合意が必要である[13]。それゆえ，ある出来事は不正であるという異議申し立てが行われるときには，その出来事を正であるとすることに合意できないという表明が行われていることになる。このとき，ある出来事を不正であるとみなすことについて法的要求が掲げられ，その妥当要求をめぐって討議が行われ，当該の出来事の正不正にかんして合意形成が図られるのである。ここで留意したいのは，法の事実的妥当の問題[14]である。妥当している法は，その妥当性が問われない限り，事実として妥当し

---

[13]　カントが「法的（外的）自由」を論じたのは，『永遠平和のために』の第一確定条項においてであり，この自由が原理となる法的体制とは間違いなく個別国家のことである。しかし件の文言が成立するには，地球上にひとつの法的体制が想定されなければならない以上，同じ原理がこの場面においても妥当性をもつと考えることは，不合理ではないだろう。それとも，法的体制が複数ある場合とひとつしかない場合とでは，アプリオリな原理が異なるのだろうか。

[14]　Vgl. FG, 45ff. また，霜田求「討議理論における法と道徳——妥当概念を軸にして」『西日本哲学会年報』No. 8, 西日本哲学会，2000年，71-84頁。

ている。ある法に対する異議申し立てが行われなければ、その法の妥当性は問われることなく、妥当し続ける、ということである。法のもつこうした事実的妥当という特徴[15]ゆえに、法的体制は、法の妥当性を問う可能性を制度として確保しておく必要があるだろう。このような制度によって、事実としては妥当している法の妥当性そのものを問題化することが可能となり、法の妥当性そのものに対する異議申し立てが可能になる。言うまでもなく、この制度も、使用されなければ法のこの事実的妥当の問題を逃れることはできない。制度があり異議申し立てができるにもかかわらず、制度が使用されず異議申し立ても行われないとすれば、それは現行法の妥当性には問題がないことを意味するからである。

このコンテクストにおいて、3.11 後に反原発デモに参加した柄谷行人が、デモに意味があるかどうかを問われて、答えた文言が思い起こされる。

> しかし、デモで社会は確実に変わる。なぜなら、デモをすれば、……人がデモをする社会に変わるからだ……。[16]

反原発デモにおいては、たとえば、原発が存在し存続することは不正であるという主張が行われる。そこでは原発の存在・存続を容認する法の妥当性が問われ、異議申し立てとともに規範的正当性の妥当要求が掲げられる。主張者たちは、反原発というその訴えこそが規範的に正当性をもつものであることにかんして、デモを通じて合意形成を求めていると考えることができる。もちろん、デモによって実際に合意形成が果たされるかどうかは不明である。しかし、そこで妥当要求が掲げられるかぎりは、他者がその要求を知り、根拠づける理由に基づいてその妥当性について納得し、合意形成に至りうるということを想定することができ

---

15) ハーバーマスは、以下において規範的言明の特徴を論じている。また、拙論を参照せよ。Jürgen Habermas, *Moralbewusstsein und kommunikatives Handeln*, Suhrkamp, 1983, S. 67ff.「パトナムによるハーバーマス批判とカントの道徳論——道徳的規範に関する認知主義をめぐって」『現代カント研究 13 カントと現代哲学』（加藤泰史、舟場保之編）、晃洋書房、2015 年、84-99 頁。

16) 柄谷行人「NAM を語る 第三回 NAM の中で出会った問題」『社会運動』no. 416, インスクリプト、2015 年、140 頁。

る。それは，デモにおいて異議申し立てとともに規範的正当性が要求されるとき，他者との合意という仕方を通じて普遍妥当性をもつ規範が成立しうることを想定できるということである。こうした想定ができないとすれば，デモは街頭で行われるただのおしゃべりとかわるところがないだろう[17]。さて，こうしたデモを行う自由は，「集会の自由」として制度上保証されている[18]。だからこそ，その自由が行使されないときは，現状に対する異議申し立ては存在せず，事実として妥当する法が妥当性をも保持しているように見えるだろう。引用した柄谷の言葉は，直接的には，一部を除いてほとんどデモが行われることのないある共同体において，民主主義が実現するための方途を示唆するものである。デモを行うことそれ自体がメッセージとなって，他のデモを引き起こし，やがてデモという形での異議申し立てが頻繁に行われるような社会へと変貌する，ということである。では，制度として確立されているものが利用されないかぎり，現行の法が妥当性をもっているように見えてしまうという点からは，この言葉から何を読みとることができるだろうか。デモにおいてなされる異議申し立てには，ある事柄が現行の法に照らして不正であることを訴えるものもあれば，ある事柄にかんして現行の法が妥当性をもたないことを訴えるものもあるだろう。討議を通じて異議申し立ての正当性にかんして合意に至るとき，前者の場合であれば現行の法の妥当性が確認されることになり，後者の場合であれば現行の法の妥当性は否定され，新たな法が妥当性をもつことになる。異議申し立ての正当

---

17) この意味で，最初から「答えなどない」ということが前提されたうえで行われるなんらかの営みは，およそ哲学的営為とは無関係のなにかであるだろう。実際に到達できるかどうかということとは無関係に，合意形成を想定することなく，したがって普遍妥当性をもつ規範を想定することなく，いかにして発話とともに規範的正当性の妥当要求を行うことができるのか，私には理解することができない。ダメットが真理概念を眼目（point）の観点から論じているのと同じように，規範的正当性をめぐる討議においても，その眼目として，合意点である普遍妥当的な規範を想定せざるを得ないのではあるまいか。Cf. Michael Dummett, *Truth and other enigmas*, Harvard University Press, 1978, pp. 3.

18) 柄谷行人，前掲書，141頁。ここで柄谷は次のような興味深いことを論じている。「デモは assembly であり，集会の自由がデモの自由を意味している。［……］ところが，議会も assembly です。［……］歴史的には，絶対王政に対する assembly（集会・デモ）がだんだん強くなって assembly（議会）として認められたのであって，議会の起源はデモにあるのです。」また，以下も参照せよ。『柄谷行人講演集成 1995-2015 思想的地震』，筑摩書房，2017年，135頁。

性が認められない場合，このときもやはり認められないということで合意が形成されることになるが，前者の場合も後者の場合も，合意を通じて現行の法の妥当性が確認されていることになる。デモにおいて異議申し立てがなされるということは，このように，事実として妥当する法の妥当性が討議を通じて吟味され，改めてその妥当性が確認されるか，あるいはその妥当性が否定され，別の法が妥当性をもつようになることを意味する。したがって，デモによって「人がデモをする社会に変わる」とすれば，デモのたびに，現状に対する異議申し立てが可能であることが示されるとともに，法は事実として妥当するだけでなく，そのつどその妥当性が問われ，吟味され，新たに承認され直すものであることが明確になるだろう。法の妥当性は，手続きを通じてそのつど更新され続けていくのである。「討議は，行政権力にとって代わるわけではないが，これに影響を及ぼすことができるようなコミュニケーションの力を産出する。」(SW, 44)「公共」とは，デモを通じてコミュニケーションの力が産出され，法の妥当性が更新され続けるこうしたプロセスにおいてこそ，成立していると言えるのではないだろうか。

＊　　＊　　＊

ある出来事が地球上のあらゆる場所で「不正なこと」として「知られる」状況においては，手続きに先立ち出来事の正不正を定めるような基準が存在しない以上，規範の正当性にかんする異議申し立てが行われ，妥当要求をめぐる討議を通じて，規範の普遍妥当性が更新され続けるよりほかにない[19]。カントを用いて 3.11 後も成立する「公共」を語るには，カントの道具立てを手続き主義的に解釈する必要がある。カントを心情倫理として読むとき，「公共」をいかにして語ることができるのか，少なくとも私には不明である。

---

19) 言うまでもなく，主権者が主権者であるのは選挙のときだけであり，それ以外は奴隷になる，ということはない。Vgl. Jean-Jacques Rousseau, *Du contrat social / Vom Gesellschaftsvertrag*, 3. Buch, 15. Kapitel, Reclam, 1977, S. 211. また以下の拙論も参照せよ。「道徳的権利ではなく，法理的権利としての人権について」『グローバル化時代の人権のために』（御子柴善之，舟場保之，寺田俊郎共編），上智大学出版，2017 年，93-120 頁。

〈シンポジウム「3.11 後の『公共』とカント——Kant in Fukushima」〉

〈3.11〉後の「公共」とカント的公共性の闘い

小野原　雅夫

1　〈3.11〉後の「公共」と公共性の三つの含意

　〈3.11〉は未曾有の複合災害であった。1000 年に 1 度と言われる大地震とそれにより発生した大津波は広域にわたって激甚な被害をもたらした。これだけでも十分な悲劇である。しかし悲劇はこれだけにとどまらなかった。東京電力福島第一原子力発電所が，のちにレベル 7 と分類される最悪の原子力事故を起こしてしまったのである。広範囲に漏出した放射性物資は，地震・津波とはまた違った形で人々の生活を覆した。〈3.11〉はこのように，東日本大震災と福島第一原発事故という位相の異なる災害が組み合わさった複合災害であった[1]。本シンポジウムは「3.11 後の『公共』とカント」との関連を問う場であり，そこで言う〈3.11〉には複合的な要素がはらまれているわけだが，シンポジウムの副題には「Kant in Fukushima」とも明記されている。日本カント協会の学会が福島の地で初めて開催されたのを記念して，そして福島に四半世紀近く暮らしてきた者の宿命として，本提題では〈3.11〉における原発事故の側面に焦点を絞ってカントと公共性の問題について考えていく

　1）　東日本大震災と原発事故との共通点と相違点については以下を参照。小野原雅夫「ポスト 3.11——FUKUSHIMA からの提言」（東北哲学会編『東北哲学会年報』No.29，2013 年，所収），pp.82-87。

ことにしたい[2]。

〈3.11〉後,日本では「公共」の価値が声高に語られるようになった。さまざまな立場の人々がさまざまな観点から公共性や公共的精神,公共への奉仕を強調するようになった。〈3.11〉直後,テレビ放送から企業CMが姿を消し,公共広告機構のCMばかりが繰り返し放映されていたあの異様な光景は誰しも記憶に刻まれているであろう。「あいさつの魔法」や「こだまでしょうか」などに含まれる道徳的メッセージは,物を売らんかなとする企業CMの中に紛れている分には微笑ましく見ることができていたが,そればかりが繰り返し反復されると耐えがたい圧力となった。「ポポポポーン」が未だにトラウマになっているという声はよく耳にする。

そして,間もなく始まった「がんばろう日本！」の大合唱。あれだけの大災害の中で暴動も略奪も発生させず,肩を寄せ合って支え合う日本人の姿は世界中から賞賛され,日本漢字能力検定協会が毎年選ぶ「今年の漢字」に2011年は「絆」が選ばれた。傍目には日本人が一致団結してこの試練を何とか乗り切ろうとしていると映っていたかもしれない。しかし,その輪の中に当初から福島は入れてもらえていなかった。原子力災害の犠牲者としてではなく,放射線汚染を日本中にまき散らす大罪人であるかのように,避難者も生産者も誹謗中傷やいやがらせを受けた。〈3.11〉から6年経った今も原発被災者差別はなくなっていない[3]。ことさらに「絆」を強調するモラリズム[4]と原発被災者差別を生む心性は同じコインの裏表なのである。その後の日本は,原発被災者に限らずさまざまな弱者に対して,公共性へのフリーライダーであるかのような罵倒を投げつけるヘイトスピーチの温床と化していった。

---

  2)　カントは当時の世界的大ニュースであったリスボン大地震に触れて3編の「地震論」を発表しており,逆にカントの時代には原子力どころか電気エネルギーすら存在しなかったのであるから,本来であれば,カントの著作の中に震災への教訓を探すことには意味がありえたとしても,原発事故に関してカントから何かを学ぼうとするのは無謀の誹りを免れないであろう。本稿は,「3.11後の『公共』とカント——Kant in Fukushima」という無理難題を与えられて,無茶を承知であえて挑んだ試論であることを付言しておきたい。

  3)　「いじめ　福島から避難生徒,手記を公表　横浜の中1」毎日新聞,2016年11月15日。

  4)　「絆」の胡散臭さについては以下を参照。中島義道『反〈絆〉論』ちくま新書,2014年。

〈3.11〉の翌年，長年にわたって原発を力強く推進してきた政党が政権に返り咲いた。同党がその年に発表した「自由民主党憲法改正草案」では，国民の自由や権利よりも責任や義務が強調されており，日本国憲法の中に含まれていた「公共の福祉」という文言はさらに力強い「公益及び公の秩序」という概念に置き換えられ，基本的人権が公益および公の秩序のために制限されることが明記されている。

公共放送というのは，国家によって直接運営される国営放送とは異なり，国家以外の公的機関によって運営される公的放送のことであり，国家や政府とは一線を画して，国民に正確かつ客観的な情報を提供する役割を担っている。しかしながら〈3.11〉後，日本放送協会はその矜持を捨て去り，国家・政府が「政治的中立」を騙ったあからさまな言論統制に転じた時，それに抵抗することなく，「政府が右と言っているものを我々が左と言うわけにはいかない」と宣言し，大政翼賛体制の片棒を担ぐに至っている。とりとめなく列挙したが，「〈3.11〉後の『公共』」ということで私が思い浮かべるのはこうした一連の動きである。

むろんこうした傾向は〈3.11〉後に唐突に現れてきたものではない。齋藤純一は2000年に刊行された著書『公共性』において，本来，国家とは一線を画すために用いられてきた「公共性」という概念が，1990年代以降，ナショナリズムないしはネオ・ナショナリズム（新保守主義）の文脈で用いられるようになってきたと指摘している。この立場に立つ論者たちは以下のように主張する，「『公共性』は，戦後社会において個人主義や私生活主義の野放図な進展によって破壊を余儀なくされてきた。『公共性』の空洞化に対抗するためには，『祖国のために死ぬ』覚悟を核心に含んだ市民＝公民としての徳性が，国家の教導によって積極的に涵養されねばならない」[5]。彼らは「国民が私益や私権の主張を超えて『公共の事柄』（res publica）に関心をもつべきことを強調するが，その『公共の事柄』の内実とはもっぱら国家の安全保障や公共の秩序の防衛を指している」[6]。こうした思潮が2001年の〈9.11〉を境に「テロとの戦い」という大義名分を得て急速に日本社会に浸透し，〈3.11〉後はさらに「震災復興」というお題目が加わって完全に支配的な地位に躍り出た

---

5) 齋藤純一『公共性』岩波書店，2000年，p.3。
6) 同上，p.4。

ものと思われる。しかし、齋藤はこのような公共性をめぐる言説は、本来「公共性とはまったく相容れない価値」を声高に語るものであると批判している。

齋藤は同書の冒頭で、公共性という語の意味合いを3つに分類している[7]。第一に、国家に関係する公的な（official）ものという意味。第二に、すべての人に関係する共通のもの（common）という意味。第三に、誰に対しても開かれている（open）という意味。

第一の意味での公共性が、国家や政府の活動を指して使われる公共性概念であり、「公権力」という語に代表されるように、私たち日本人にとって一番馴染みの深い「公」であると思われる。ハーバーマスは、公と私の区別はもともとギリシアに発し、自由市民に共同な国家（Polis）の生活圏と各個人に固有な家（Oikos）の生活圏が截然と区別されていたところにその源流を見ている[8]。齋藤は、この意味での公共性は強制、義務、権力といった響きをもつと指摘する[9]。昨今擡頭してきている、ナショナリズムとも親和性の高いこのような公共性のことを、本稿では以下「国家的公共」と呼ぶことにしたい。

第二の意味での公共性は、特定の誰かにではなくみんなに共通に関わるものという意味での公である。「共和制（republic）」の語源であるラテン語「共同のもの（res publica）」というのは、もともとは国家というよりも共有地の共同性をイメージする言葉であったろう[10]。その後public（ドイツ語だとPublikum）が、「すべての人」とか「みんな」を表し「公衆」と訳される名詞として使われるようになる[11]。齋藤によれば、この意味での公共性は、特定の利害に偏っていないというポジティブな意味をもつ反面、個人の権利を制限したり、個性の伸張を押さえつける集合的な圧力を含意する場合も出てくるという[12]。

第三の意味での公共性は、とりわけ「公共性」を意味するドイツ語由

---

7) 同上、pp.viii-ix、参照。
8) Vgl. J.Habermas, *Strukturwandel der Öffentlichkeit*, Frankfurt am Main, 1990, S.56.（細谷貞雄訳『公共性の構造転換』未來社、1973年、pp.13f.、参照。）
9) 齋藤、上掲書、p.ix、参照。
10) Vgl. J.Habermas, *a.a.O.*, S.59f.（邦訳、pp.17f.、参照。）
11) Vgl. J.Habermas, *a.a.O.*, S.84f.（邦訳、p.38、参照。）
12) 齋藤、上掲書、p.ix、参照。

来の名詞 Öffentlichkeit にとっては中核的な意味を成す。Öffentlichkeit は offen（= open）という形容詞の名詞形だからである。ドイツ語にはラテン語系由来の Publizität という名詞もあり，この語も Öffentlichkeit の同義語として「公共性」と訳される場合もある。ただし，これに対応する英語の publicity やフランス語の publicité は「公共性」というよりも「世間に知れ渡ること」，「広報，宣伝」という意味を色濃くもつ。すなわち，世間に公開，公表され知れ渡っているという意味で，「公開性」とか「公表性」と訳すこともできるであろう。いずれにせよ第三の意味での公共性概念の根幹には，万人に対して開かれているということが含まれているのである[13]。

齋藤は公共性概念のこれら三つの含意は相互に重なり合いながらも互いに抗争する関係にもあると言う[14]。本稿では以下，カントにおける公共性概念が上述の三つのうちいずれの意味で用いられているのかを見定めつつ，第一の「国家的公共」と，第二，第三の意味での公共性との対立・抗争について考察していくことにしたい。

2　カントにおける公共性概念

そもそもカントは「公共性」という概念を用いていたのであろうか。検索してみると[15]実はカントは，公刊された著作はおろか，遺稿でも書簡でも一度も Öffentlichkeit という名詞を使用したことがない。カントが用いているのは Publicität 概念だけである。しかもその使用箇所はきわめて限定されている。大半は『永遠平和のために』（1795年）のかの有名な「公法の超越論的概念による政治と道徳の一致について」と題された付論の中に集中している[16]。ここでは「公法の超越論的法式」が

　13）　ちなみに「出版，公刊」を意味する publish や Veröffentlichung も publicity と同様，「public にすること（公にすること，公表すること）」を語源としている。これも第三の意味での公共性に深く関わる語である。
　14）　齋藤，上掲書，pp. ix f., 参照。
　15）　*Kant im Kontext III・CD-ROM*, Karsten Worm, InfoSoftWare, Berlin, 2009. により検索。
　16）　公刊された著作で18回用いられているうち，13個はここに含まれている（Vgl.

提示されている。「他人の権利に関係する行為で，その行為の格率がPublicitätと一致しないものはすべて不正である」(VIII381)[17]。カントによれば公法（das öffentliche Recht）の本質を見出すためにその実質を排除していくと，公法は秘密にされていてはならず，公に知られていること（öffentlich kundbar）によってのみその目的を果たしうるという形式に行きつくという。そのことをカントはPublicitätという概念によって表現しようとしている。この語には従来「公開性」や「公表性」という訳語が当てられてきた。これを「公共性」と訳してもよいのかもしれないが，その場合の公共性は，前節で見たうちの第三の意味で用いられていることは明らかであろう。カントはこの意味以外でPublicität概念を用いたことはないし，それとは別にÖffentlichkeit概念を用いたことも一度もないので，カントは（三つの意味を包含する）「公共性」一般を論じたことはなく，第三の意味に限定された「公開性」ないしは「公表性」のみを問題にしていたということができるであろう。

　ではカントは第一や第二の意味における公共性について論じたことはないのであろうか。ここで思い起こされるのが，これもまた有名な，『啓蒙とは何か』（1784年）の中で展開された，理性の公的使用と私的使用に関する議論である。カントはこの対概念を，一般の用法とは逆転して用いることによって国家的公共をいち早く批判，相対化していた。カントは両者について次のように説明している。

　　私は，自分自身の理性の公的使用を，ある人が読者世界の全公衆Publicumを前にして学者として理性を使用することと解している。私が私的使用と名付けているのは，ある委託された市民としての地位もしくは官職において，自分に許される理性使用のことである。(VIII37)

VIII381ff.)。残り5つは，最晩年の『諸学部の争い』（1798年）の第2部「哲学部と法学部との争い」の「8 世界福祉への進歩をもくろむ格率の公開に関する困難について」という3ページ足らずの節の中に見出される（Vgl. VII89f.）。岩波版カント全集ではいずれも「公開」と訳されている（角忍，竹山重光訳「諸学部の争い」，『カント全集18 諸学部の争い 遺稿集』岩波書店，2002年，pp.122f.，参照）。

　17）　カントからの引用はアカデミー版カント全集に基づき，巻数をローマ数字で頁数をアラビア数字で記す。訳文は可能なかぎり岩波版カント全集に従う。

カントは理性の私的使用の例として，軍務に就く将校や納税すべき市民，教会で講話する司祭などを挙げている。とりわけ将校の例がわかりやすいが，公共性とか公的性格というものを国家的公共の意味で捉えている者にとっては，軍務に就く将校や納税すべき市民たちこそ「公的」存在であると言いたくなるだろう。しかし，カントはそこを逆転させて用いている。公職に就いていたり公的義務を果たしている場合ではなく，むしろまったく一人の個人として公衆に向かって自らの意見を開陳しているときこそ，その人は自らの理性を公的に使用していると言うのである。ここでもカントは第三の意味で「公的」という語を用いている。理性の公的使用とは，理性を公開的に使用することである。このような理性の公的使用の自由こそが啓蒙を実現するために必要なものであるとカントは言う。

　以上のようにカントは公共性や公的なものについて語る場合，「国家に関係する」という公共性の第一の意味を排除して，「誰に対しても開かれている」という第三の意味で使っている。では，「すべての人に関わる共通の」という第二の意味における公共性についてはどうなっているのだろうか。ここで注目すべきは，先の議論において「理性の公的使用」というようにカントがまさに理性のあり方について論じていたということである。『純粋理性批判』（1781 年）以来，カントは一貫して理性の問題に取り組んできた。理性こそが普遍妥当性の源泉なのであった。そしてカントは，とりわけ実践理性に関わる分野において，理性の普遍妥当性を極限まで追求し，定言命法という，すべての人間どころか，すべての理性的存在者に共通する義務の形式に行きついた。法の分野においても，国家や民族を超えてすべての人間に共通する人権の概念を根幹に据えた。当時の政治哲学者たちがせいぜい，それぞれの国家や市民社会の中での共通性，共同性を追い求めていたのに対し，カントはその制約を取り払い，国家や民族，宗教等，一切の差異を越えて全人類に共通する「世界市民社会」を志向していた。カント自身がそういう概念を使ったわけではないが，ハーバーマスの「市民的公共性」の概念になぞらえるなら，カントが求めていたものは「世界市民的公共性」であったと言えるだろう。カントにおける公共性概念は，基本的に第三の意味における公共性であると同時に，極限まで推し進められた第二の意味にお

ける公共性でもあったと言えるのではないだろうか[18]。

3 Kant in Fukushima

さて，カントにおける公共性概念を押さえておいた上で，では〈3.11〉，とりわけ福島第一原発事故に関わって，私たちはカントの枠組を用いて何を語ることができるのだろうか。おそらく読み手の関心や価値観に応じていかような教訓もカントから導き出すことができるだろう。

たとえばカントは，先述した理性の公的使用と私的使用を区別した箇所において次のように明言している。「自分の理性の公的使用は常に自由でなければならず，これのみが人々のなかに啓蒙を実現できる。だが，その私的使用はしばしば極端に制限されることがあってもかまわない。だからといって啓蒙の進展が格別妨げられはしない」(VIII37)。このカントの言明はいろいろな意味で解釈することができる。ここにカントの，国家的公共に対する理想主義的対決姿勢を読み取ることも可能だし，逆に国家的公共への現実主義的妥協や屈従を読み取ることもできる。本音と建て前，現実論と理想論をめぐる「カントの二枚舌」を読み取る者もいるだろう[19]。

〈3.11〉に絡めて具体的な事例を挙げるならば，私は原発事故後1ヶ月ほどのあいだ福島の地を離れ東京にいた（本人的には諸々の事情があってそうせざるをえなかっただけで避難していたという意識はないが，他人の目から見たらそう見えたことであろう）。福島に位置する国立大学法人に勤める者としてその時私はどうすべきだったのであろうか。たとえば私が所属していたのではない別の部局では，職場放棄を厳しく咎める脅迫めいた出勤命令が出されたりしていた。「理性の私的使用は極端に制限されてもかまわない」ということであれば，そうした出勤命令は当然の

---

18) 齋藤は，第二と第三の意味の公共性が対立する場合があることを指摘していたが（齋藤，上掲書，p.x，参照），カントは共同性，共通性を特定の集団内部での共同性，共通性ということに限定してしまわなかったので，共通していることと閉ざされていないこととを真の意味で重ね合わせることに成功している。

19) 渋谷治美「解説」（『カント全集15 人間学』岩波書店，2003年，所収）参照。

ことながら正当化されるであろう[20]。また，東京にいるあいだ私は個人で開設しているブログ上で，当時自分が信頼している筋から知り得たさまざまな情報を発信し，「可能な者は皆逃げよ」と書き込んだりしていたが，大学当局は関係者によるネット上の発言を把握しており，すぐに記事を削除するよう求められることになった。私としては，ブログ上の発言は自分が国立大学法人に勤める教員であることとは関係なく，理性の公的使用として行っているつもりであったが，当局の判断は，国立大学法人に勤める教職員の発言としてふさわしくないというものであった。こうした限界状況に立たされた時，カントの理論からどのような具体的実践（結論）を引き出すことができるのであろうか。おそらくそれは一義的な解にはなりえないであろう。

〈3.11〉後，私は学会のシンポジウムなどさまざまな場で発言を求められることになった[21]。四半世紀近く福島で暮らしてきた中で，原発の問題など突き詰めて考えたことのなかった私は，忸怩たる思いで固辞していたが，けっきょくその圧力に抗しきれず[22]，付け焼き刃の後付け的勉強に基づいて次のように論じたことがある。「たしかにあんな事故が起こってしまったわけであるが，しかし，あんな事故を起こしてしまったからではなく，そもそも原発とは，犠牲と差別と情報操作の上に構築された非科学であり非技術であって，倫理に反する存在であった」[23]。重複を避けるためここでは詳しい説明は省略するが，以上のような考察に

---

20) さらに言えば，福島第一原発が危機的状態に陥った時，東京電力は事態の収束にあたっていた作業員たちの撤退を申し入れたが，政府は「撤退なんてあり得ない」とこれを却下した。これも理性の私的使用の制限と解するならば，当然の措置であったと言えるかもしれないが，東電社員といえども福島第一原発に勤めていたのは，大都会に電力を供給するために「安全神話」を信じ込まされてそこで働くことを余儀なくされていた福島県民にすぎなかった。原発の存在によって利便や利権を享受していた大都会に生きる者たちが，福島の住民に対して命を賭して現場を死守するよう一方的に命ずることに，どれほどの公共性が認められるのであろうか。

21) 原発事故に限らず，震災の問題について論じたものとして以下を参照。小野原雅夫「災害のとき人は何をなすべきか──負い目から相互支援へ」（直江清隆・越智貢編『高校倫理からの哲学 別巻 災害に向きあう』岩波書店，2012 年，所収）。

22) 「小野原さん，福島にいるんだから〈3.11〉について）何か喋ってくださいよ」というのは〈3.11〉後何度も聞かされた科白である。学者として発表機会を与えられるのはたいへん光栄なことであるが，そこには原発作業員に撤退を許さないのと同じ，ある種の差別的構造がはらまれているように思えてならない。

23) 小野原雅夫，上掲論文「ポスト 3.11──FUKUSHIMA からの提言」，p.87。

基づき私は「反原発の定言命法」(「いかなる原発もあるべからず」)ならびに「脱原発の仮言命法」(「原発と放射性廃棄物をなくすために為しうることを為せ」)を提唱した[24]。

カントが今の福島の状況を見たら何と言っただろうかと考えた上での自分なりの結論であったが，本当にカントがそう言うかどうかは自分としても心許ないところがある。軍隊をもたず戦争をしない国家など皆無であったあの時代に，「いかなる戦争もあるべからず」(Ⅵ354)，「常備軍は時とともに全廃されるべきである」(Ⅷ345)と断じたカントであれば，原発についても同様のことを語ったはずだと信じたくなる一方で，教会制度について，変革の可能性を塞ぎ現在の制度を固定化してしまうようなことを人民も立法者も決定することはできないとも論じていたカントが(Vgl. Ⅵ327)，原子力発電所のような最先端の科学技術の産物に関して一義的な答えを導き出したりしただろうかという疑念も払拭しきれない[25]。福島が直面しているきわめて複雑かつ現代的な問題に関して，カントに依拠してカントとともに何を語ることができるのか，今後も慎重に検討していく必要があるだろう。

4　カント的公共性の実践の場としての哲学カフェ

さて，私は2011年5月より福島市で「てつがくカフェ＠ふくしま」を開催している。哲学カフェ[26]とは，人々が集って，その時々のテーマに関して専門的知識を前提せずに，互いに対等な立場で語り合う場である。1992年にフランスの哲学者マルク・ソーテがパリのカフェで偶然に一般市民相手に始めた哲学対話の試みが，その後，世界各地に広まっ

---

24) 同上，pp.90f.，参照。
25) 種痘（天然痘の予防接種）という当時の最先端の医療技術に対して原理的な疑念を抱きつつも，その是非に関しては「決疑論的問題」として確定的な答えを保留したカントの慎重な姿勢が思い起こされる（Vgl. Ⅵ424）。
26) 哲学カフェについては以下を参照。マルク・ソーテ，堀内ゆかり訳『ソクラテスのカフェ』紀伊國屋書店，1996年。鷲田清一監修，カフェフィロ編『哲学カフェのつくりかた』大阪大学出版会，2014年。小野原雅夫「民主主義の危機と哲学的対話の試み」(齋藤元紀編『連続講義 現代日本の四つの危機――哲学からの挑戦』講談社選書メチエ，2015年，所収)。

ていくことになったものである。梶谷真司はその基本ルールとして次のようなものを挙げている[27]。

① 何を言ってもいい（つまらないこと，流れからそれていることなどでもよい）。
② 否定的な発言はしない。
③ 発言せずに，ただ聞いて考えているだけでもいい。
④ お互いに問いかけることが大切。
⑤ 誰かが言ったことや，本に書いてあることではなく，自分の経験に即して話す。
⑥ 結論が出なくても，話がまとまらなくてもいい。
⑦ 分からなくなってもいい。

　これらのルールに則って開かれる哲学カフェがきわめてopenな対話の場となることは容易に想像がつくだろう。ハーバーマスは，17世紀ロンドンで誕生したコーヒーハウスが市民的公共性を育む舞台となったことを描いてみせたが[28]，私としては，今度は哲学カフェが，失われてしまったハーバーマス的な市民的公共性を再生し，さらにはカント的な世界市民的公共性をも切り拓いていく場となってくれるのではないかと淡い期待をかけているところである[29]。

　むろんカント自身が哲学カフェのような実践について具体的に何かを語っているわけではない。ただ，上述のルールと，カントの言う「普通の人間悟性の3つの格率」とが親和性をもつことは確認できるのではないだろうか。すなわち，①自分で考えること（偏見にとらわれない考え方の格率），②他のあらゆるひとの立場に立って考えること（拡張された考え方の格率），③つねに自分自身と一致して考えること（首尾一貫した考え方の格率）の3つである（V294）。カントが思い描いていた思考のあるべき姿を，普通の人間悟性（=常識的市民）でも実行できる形に落と

---

27) 梶谷真司「対話としての哲学の射程――グローバル時代の哲学プラクティス」（齋藤元紀編，上掲書，所収），pp.102f.。
28) Vgl. J.Habermas, a.a.O., S.90ff.（邦訳，pp.50ff., 参照。）
29) 小野原雅夫，上掲論文「民主主義の危機と哲学的対話の試み」，参照。

し込んだものが哲学カフェのルールであるように思われるのである。
　さらに私は，次のような構想も抱いている。カント自身は定言命法と仮言命法を截然と区別して，定言命法のみを純粋な批判倫理学の構成要素として認めた。しかしながら，定言命法は私たちが目指すべき理想，理念を道徳的目的として提示するので，「自由」や「永遠平和」などは定言命法によって私たちに課された道徳的目的だと言うことができるはずである。すると，いったんそのような目的が提示されたならば，今度はその目的をいかにして実現したらいいかという手段を命ずる仮言命法もまた必要になってくるのではないか。つまり，仮言命法をすべて排除して定言命法のみで事足れりとしているわけにはいかなくなってくるはずなのである[30]。このような関心に基づいて私は，現代において《定言命法が課する道徳的目的を実現するための技術的仮言命法》を具体的にひとつひとつ見出し，創造していくことを提唱している。はたして哲学カフェは，市民的公共性や民主主義を再生するための手段，新たに世界市民的公共性を創出していくための技術的仮言命法のひとつとなってはくれないだろうか。そんなことを夢想しながら，〈3.11〉後 6 年間，月 1 回のペースで「てつがくカフェ＠ふくしま」を続けてきている[31]。

5　絶望的な負け戦のなかで

　哲学カフェにはいかなる可能性があるのだろうか。そこに参加しているとたしかに，失われた市民的公共性がゆっくりと醸成されつつあるように感じられる。〈ロゴス〉のもつ力への信頼，〈差異〉へのまなざし，自分とは異質な〈他者〉との共生の作法。参加者の間にそうしたものが少しずつ浸透していき，何を発言しても最後まで聞き取ってもらえる安

　30）　この点に関しては以下の拙論を参照。小野原雅夫「平和の定言命法と平和実現のための仮言命法」（日本カント協会編『日本カント研究 7 ドイツ哲学の意義と展望』理想社，2006 年，所収），小野原雅夫「規定的判断力の自由——定言命法の下で仮言命法を案出する技術的判断力」（小野原雅夫・山根雄一郎編著『現代カント研究 11 判断力の問題圏』晃洋書房，2009 年，所収），小野原雅夫「日本国憲法における定言命法と仮言命法」（日本カント協会編『日本カント研究 15 カントと日本国憲法』知泉書館，2014 年）。
　31）　小野原雅夫，上掲論文「民主主義の危機と哲学的対話の試み」pp.136f.，参照。

心感がその場を包み込んでいく。そこには，強行採決で少数派に多数意見を押し付ける単純多数決主義とは異なる，真の民主主義の姿が垣間見える。共に考え語り合い，じっくりと合意をめざしていく，粘り強い草の根の市民集団が形成されつつあるように思われるのである。

　だがそれはあまりにも微力である。哲学カフェは，その本性上，小規模だからこそ成立するという限界をもつ。「てつがくカフェ＠ふくしま」の場合，毎回の参加者数はたいてい 20 ～ 30 名くらいであり，その場合はほぼ全員が発言することが可能である。たまに 100 名を超える人数が集まった場合，対話の質が下がることはないにせよ，全員が発言することはもはや不可能で，発言者数はやはり半数にも満たなくなってしまう。全国にどれだけ哲学カフェが立ち上がったとしても，それでカバーできる人数は微々たるものである。また，答えのない哲学的テーマを取り扱っているからこそ安全性が担保されているという面も見逃せない。これがひとたび政治的にホットな問題を扱うことになったとしたら，今の国会と同じような聞く耳もたない言いっ放しの論戦に陥るか，特定の政治的立場の人たちだけが集まる局限された共同性の場と化してしまう危険性がある。もちろんファシリテーターの腕次第で，政治的なテーマでも安心して自由に意見をぶつけ合えることもないわけではないが，その場合も合意まで目指そうとするならばそれには長い時間を要し，緊急の政局変化にはとうてい対応不可能である。国民にとって重要な政治的決断を哲学カフェのような場を通じて形成していくというのはなかなか考えにくいことである。

　それに対して国家的公共の側は，第 1 節で述べたように明らかに勢力を増し，あからさまな攻勢に転じている。「自由」や「民主」という建前をかなぐり捨てて，「犠牲のシステム」[32] を隠し立てすることなく強要するようになってきている。思えばカント自身も，「公法の超越論的法式」として公開性・公表性を掲げた時，すでにその限界を見極め，ペシミスティックな診断を下していたのであった。「国家元首の側からすると，格率を秘密にすることは，まったく必然的というわけではない」（VIII382）。「元首は自分の格率を公にすることによって，自分自身の意

---

32) 高橋哲哉『犠牲のシステム 福島・沖縄』集英社新書，2012 年，参照。

図が挫折しないかと憂慮する必要はないからである」(VIII383)。「公表性と合致するからといって，だからその格率は正しいというふうに，逆の推論はできない。決定的な権力を所有している者は，彼の格率を隠す必要はないからである」(VIII384f.)。あの全体主義の時代にナチスは自らの凶暴な意図を微塵も隠そうとはしなかった。2013年，この民主主義の時代に，「ナチスの手口に学んだらどうか」と提言した政治家は今も変わらずに政権の中枢に座り続けている。この決定的な国家的公共の前で，哲学カフェだけでは，それに対抗しうる市民的公共性を再生したり，新たに世界市民的公共性を築いたりすることはとうていできないだろう。公共性をめぐる厳しい闘いの中で，私たちはより強力でより有効な仮言命法を求めて模索し続ける必要があるのではないだろうか。

共同討議 I

カントと功利主義

　カント倫理学と功利主義に代表される帰結主義とは対立的に捉えられるのが普通だが，あえて両者の「重なり合う所」を探ることを趣旨に，本討議は本協会の蔵田伸雄氏と協会外から法哲学者の安藤馨氏とを提題者に迎えて開催された。その際，提題者間で一致を見たのは「デレク・パーフィットの *On What Matters* での議論をカント（主義）倫理学と帰結主義の両面から読んでみよう」ということであった。パーフィット自身が「カントも帰結主義も，あるいは契約説も結局は同じ山に異なる側から登っているのだ」と主張しているのだからである。
　蔵田氏は早くからカント倫理学と功利主義との対話に努めて来られたが，当日もカント（主義）倫理学と規則功利主義の共通点と相違点とを明確化されようとした。行為原理を正当化するにあたって「もし皆が同じことをしたらどうなるか」と問うという方法は双方の理論に共通のものであって，パーフィットがしたように定言命法を精緻化して行く過程では「帰結主義か否か」という区別はさほど重要なものではなくなって行く。しかし，両者の間にはなお決定的な相違点が残っており，カント（主義）倫理学が「格率」を重視するといった主観主義的な側面を備えている点と道徳的な価値を徹底して非自然主義的なものと捉える点とがその相違点なのだと指摘された。
　安藤氏は2007年に上梓された『統治と功利 功利主義リベラリズムの擁護』で古典的な行為功利主義をリベラリズムの統治理論として再生させようとする意欲的な試みをされている。その過程ではパーフィットにならって「人格」概念の解体が計られたりもしているが，当日はパーフィットが行った議論の筋道を明快に提示された。彼の議論は「カント主義倫理学を彫琢して行けば契約論に至り付き，その契約論は規則帰結主義とならなければいけない」というもので，これはカント主義者に規則帰結主義者となるよう促す議論ではありえても，元から帰結主義者である論者に規則帰結主義を採るよう促す議論ではありえない。帰結主義者に規則を受け入れるよう促す論拠があるとしたら，それは「大文字の理性」が1つの行為者となって，我々のような理性的主体がこの単一の行為者の構成部分となるといった場合だけであろうと結論された。
　規則を帰結主義的に評価しようとすると，帰結への顧慮と規則への専心とが相対立する場合も出て来る。帰結主義の立場に立ちつつもあえて「規則」を保存しようとするパーフィットと，ある人物の人となりを示す「格率」を消去することなどありそうにないカントというのが討議の過程で浮かび上がった構図である。

（執筆：福田俊章）

〈共同討議I「カントと功利主義」〉

帰結主義と「もしみんながそれをしたらどうなるか」

安藤　馨

1　規則帰結主義について

　規則帰結主義は，我々の一挙手一投足に対して「世界の含む善を最大化せよ！」という原理を直接に適用しようとする行為帰結主義の問題を回避しようとして提案された。それは，行為帰結主義に従って行為しようとする主体の実践的判断が個々の具体的事情を反映しすぎることによって，無原則になってしまうことを回避しようとするためのものである。たとえば行為帰結主義の下では個々の行為事情のもとで具体的な約束についてある具体的な履行をすることが世界の善を最大化するかどうかが問われるために，約束を守る一般的義務が（*prima facie* なものとしてすら）存在しえない。だが，我々の常識的な道徳的思考は（多分に例外条項を含みつつも）一般的な——たとえば「約束を守れ！」のような——行為原則に従おうとするものであり，もし行為帰結主義が正しいとすれば，こうした常識的な思考様式それ自体が不当であることになる。ガチガチの行為帰結主義者（直接行為帰結主義者）はこの結論を承認するだろうが，規則帰結主義者はこの結論が行為帰結主義が不適切な道徳理論であることを帰謬法的に示すものだと考える。道徳的思考に原則やルール（ないし格率）の位置を取り戻すことが規則帰結主義の理論的目的であるが，そうだとして，では規則帰結主義者の提案はどのようなも

のなのだろうか。この目的にかなうように規則帰結主義を定式化すれば次のようになるだろう：

【規則帰結主義 RC】
　Sが状況CでΦすることが道徳的に正しいのは
　・SがCでΦすることを正しい規則体系Rが命じているとき，そしてその時に限り，
　・Rが正しい規則体系であるのは，それがもたらす事態が他のどの規則体系がもたらす事態よりも善いとき，そしてその時に限る。

この定式化については次のような点が指摘されるべきである。

規則の「もたらす」事態と一般化論法
　まず，行為の正しさが規則体系の正しさから派生的に導出されている点に注意してほしい。規則功利主義では，行為の正しさは「善の最大化の原理（世界が含む善の量を最大化せよ！）」から直接に得られるのではなく，規則体系の正しさを経由して派生的に得られることになる。だが，ここで注目したいのは後半部である。帰結主義は評価対象がもたらす結果によってその対象の道徳的評価を決定しようとする立場だから，規則の道徳的評価はそれがもたらす結果によって決定されなければならない。だが，「規則体系がもたらす事態」とはそもそもいったいなんだろうか？　規則（そしてその集合体たる規則体系）は，それ自体は物理的実体・物理的事実ではない。たとえば「汝姦淫するなかれ」という文の意味内容としての規則は物理的な因果的能力を有していないのだから，それが何らかの事態をもたらすということはそもそも考えられない。規則が何らかの事態を「もたらす」と言えるためには，人々がどのように振る舞うかという状況を補ってやらなければならない。そして，ある規則体系Rを評価するにあたって，恣意的でない状況の補い方は「もし全員がRに従ったならば」というものくらいしかないように思われるだろう。したがって，帰結主義の下でなお規則準拠的な道徳的思考を確保しようとすることから殆どただちに，帰結主義と「もしみんながそれをしたらどうなるか」を問題にする「一般化論法 generalisation

argument」との結合がもたらされるように思われる[1]。

規則の遵守と受容

　一般に規則体系というものが論理的にはいくらでも複雑で精細なものにもなりうる，という点が規則帰結主義の目的に照らして問題となる。正しい規則体系が，結局は極めて複雑で精細なものになってしまえば，その規則体系には「(幾つかの例外的場合を除いて) 約束を守れ！」のような一般的規則が帰属しないことになるかもしれない。規則体系の複雑化・精細化を無制限に許容すると，我々の道徳的思考の中に一般的規則への準拠を確保しようという目的に関する限り，規則帰結主義は行為帰結主義と同じ問題を引き起こすことになるだろう[2]。そこで，規則帰結主義は規則体系の帰結を「もし全員がそれを遵守（follow）したならば（＝その規則体系の要求通りに実際に行為したならば）どうなるか」ではなく，「もし全員がそれを受容（accept）したならば（＝専らその規則体系に従って行為しようと動機づけられたならば）どうなるか」を参照して規則の正しさを考えようとする。現実の人々の能力に照らして過度に複雑・精細な規則体系を受容することは困難でありそれを無理に遵守しようと努めることは道徳的思考に過度の負担をもたらすから，一般的に受容された場合に優れた帰結をもたらす規則体系は，かなりの程度「ざっくりとした」ものになるだろう。

ブラントの例外条項

　a,b,c からなる 3 人社会を考えよう。a が食糧不足による飢餓状態にあり，b,c は同じくらい十分に余剰の食料を有しているとする。a が生存のために 10 単位の食料を必要としており，またそれ以上の食料も不要だとしよう。「余剰な食料を有しているものは他者の生存に必要な食料

---

[1]　「一般化論法」という名称は M. G. Singer による (M. G. Singer, *Generalization in Ethics*, Alfred A. Knopf Piblisher, 1961)。「もしみんながそれをしたらどうなるか」を考える手続はしばしば「普遍化」と呼ばれるが，あらゆる道徳判断は普遍量化された判断とその例化でなくてはならないという「普遍化可能性原理 universalisability principle」と区別するために，ここでは「一般化 generalisation」という呼称を採用する。

[2]　無限に精細な規則体系を許容する規則帰結主義と行為帰結主義が等価になってしまうかどうかは長く争われている問題だが，ここでは立ち入らない。

を応分に負担して供給せよ」という規則を考える。この状況で，bとcはそれぞれ5単位の食料を——それよりも多くもなく少なくもなく——拠出すべきことになるだろう。だが，仮にbが5単位の食料を拠出する一方で，cがこの規則に従わず，食料の拠出を拒んだとしよう。このままではaは苦痛に満ちた餓死を迎えることになってしまう。bはどうすべきだろうか。多くの規則帰結主義者は，ここでbに更なる5単位の食料の拠出を要求すべきだと考える。つまり，正しい規則体系には一般に「〇〇せよ。ただし，もし他の人々が〇〇しない場合には更に△△せよ」という形式の，他者の不遵守に伴う破局を回避するための例外規則が帰属しなければならないと考える（こうした例外条項を「ブラントの例外条項 Brandtian exception clause」という）。だが，ブラントの例外条項を認めるならば，次のような問題が生ずるだろう[3]。規則帰結主義による正しい規則体系が無制限に複雑・精細ではなく「ざっくり」したものでなければならないことを思い出そう。そうすると，そうした正しい規則体系が予定していないような特殊な事情を伴った破局状況が生ずる場合があるだろう。規則体系内には眼前の破局状況を回避せよという規則がないとしても，ブラントの例外条項を正当化するのと同様の規範的考慮——現実の帰結が重要である——が，規則体系を踏み越えて行動するよう我々を義務付けるだろう（そうしないならばそれは「ルール崇拝 rule worship」と呼ばれるフェティシズム以外のものではないだろう）。だから我々は一般的規則に従っておけばよいというわけには行かず，常に眼前の個別具体的状況をその都度考慮しなければならないが，これは規則帰結主義の当初の目的にとって破壊的である。しかし，ブラントの例外条項を拒絶するならば，規則帰結主義は「bは応分の負担を果たしたのであって，それ以上の義務を負うことはない。aの死は専らcに帰責されるべきものである。」と答えることになる。これは——虚言の禁止の場

---

[3]　この名称は戦後の代表的規則功利主義者 Richard Brandt にちなむものである。ブラントの例外条項の更なる問題としては，「もしみんながそれをしたらどうなるか」を考えた場合にブラントの例外条項部分が帰結に影響を与えないために（全員が規則に従うならブラントの例外条項の条件が充足される可能性がそもそもないことに注意しよう），ブラントの例外条項を含む規則体系と含まない規則体系が区別できないというものがある。一般遵守ではなく一般受容を考える場合には，ブラントの例外条項は（期待されるようにではないものの）意味を持つが，この問題にこれ以上は立ち入らない。

合に見るようにカント主義者にとってはともかく——多くの帰結主義者にとっては明らかに受け入れがたいだろう。

規則帰結主義の選択

したがって，規則帰結主義者にとって可能な選択肢は次のようである：

（A）規則帰結主義の主目的である，規則への専心を放棄する。
（B）ブラントの例外条項を拒絶して，破局状況に対して義務論的に開き直る。
（C）ブラントの例外条項を許容するにもかかわらず，規則への専心を規則体系から漏れた破局の回避よりも優先すべき理由を説明する。

（A）は規則帰結主義の理論的動機をほぼ放棄するに等しいので，規則帰結主義者には採用できないだろう。（C）は明らかに不安定な立場なので，規則帰結主義を維持したければ（B）の位置に留まるべきだ，ということができるだろう。だが，いずれにせよ，（C）も（B）も，帰結の考慮が道徳的に重要であるということを認めつつ，しかし帰結の考慮よりも規則への専心を確保する方が道徳理論の説明与件として優先されるべきだという立場を取ることになるだろう。現実の我々の道徳的思考の様態がそのような優先的与件なのかどうかは疑われてしかるべきだが[4]，ここでは道徳哲学の方法的問題には立ち入らず，そのような立場がありうるものとして話を進めよう。

4） 実際，Jonathan Dancy を始めとする「道徳的特殊主義 moral particulartism」の支持者は我々の道徳的思考の規則体系化可能性（codifiability）を根本から拒絶しているので，それが優先的かどうか以前にそもそも与件として存在するのかどうかすら疑われうることに注意すべきであろう。

2　Parfitの規則帰結主義

ここでは，近年では珍しい規則帰結主義の擁護者であるDerek Parfitの理論を取り上げる。Parfitは，カント主義と契約説と規則帰結主義の調和形態として，三重説（triple theory）を提示する：

【三重説 TT】
ある行為が道徳的に正しいのは，それが次の3条件を満たす原理によって許可されているとき，そしてそのときに限る（On What Matters, §64, 以下参照は同著作）：
(1) それが普遍的法則となることが事態を最善にするような原理のひとつである
(2) それが普遍的法則となることを万人が合理的に（rationally）意志しうるような原理のひとつである
(3) 誰もそれを適理的に（reasonably）拒絶できないような原理のひとつである

Parfitは（1: Rule Consequentialism）と（2: Kantianism）と（3: Scanlonian Contractualism）の条件は結局のところそれぞれ同じ諸原理を一致して承認するので，3条件相互の乖離は存在しないとする。要するにParfitの主張は，カント主義が契約説に，そしてそれらが規則帰結主義に一致する——それらは異なった路を辿りながら同じ山を登っている——というものである。ここでは簡単にその理路を追っておくことにしよう。

2.1　カント主義から契約説へ

「もしみんながそれをしたらどうなるか？」の放棄
Parfitはカントの定式が不適切な結論を産まないようにするためにそ

れがどのように解釈（或いは修正）されるべきかを考えることによって，カント主義的原理を彫琢しようとする。出発点になるのは（§41）：

【自然法則の定式 Formula of Laws of Nature】
万人がそれを受容し可能な場合にはそれに従って行為するということを自分が合理的に意志し得ないような格率に基づいて行為することは不正である。

であるが，すぐに次のような重大な修正を加えることになる。「エゴイストの格率：なんであれ自分に取って最善であるように行為せよ」を考える。万人がこの格率に従って行為する世界と万人が別の格率に従って行為する世界とを比べた場合に，エゴイストは後者ではなく前者に生きることを欲しないだろうから，エゴイストの格率に従おうとする行為者は不正を犯していることになる。だが，この行為者がこの格率に従って（＝純然たる自己利益から）約束を守ったりする場合，その行為は——道徳的には無価値（no moral worth）だとしても——彼の道徳的義務を果たすものであり不正ではない。Parfit は行為の正不正をその行為が主観的に基づいている格率（≒行為の意図ないし動機）から切り離そうとする（§42）。それには行為者が実際に採用した主観的意志決定原理（＝格率）ではなく採用し得た原理を参照すればよい[5]：

【道徳的信念の定式 -3 MB3】
そのような行為を許可するなんらかの道徳的原理を万人が受容することを自分が合理的に意志できないような行為を為すことは不正である。

その上で，Parfit は規則帰結主義のところで問題になったのとほぼ同様の考慮に基づいて，ブラントの例外条項に相当するものを組み入れな

---

5) 自然法則の定式が「もしみんながそれをしたらどうなるか？」に対応するのに対し，ここでは道徳的信念の定式「もしみんながそう考えたらどうなるか？」が用いられている（Parfit は後者の方をより適切と見ているがここでは立ち入らない）。

ければならないとする（§45）。その結果は[6]：

【道徳的信念の定式 -3* MB3*】
そうしない人々が何人いる場合についても、そのほかの誰もがそのような行為を許可する何らかの道徳的原理を受容することを、誰もそれを受容しないことよりも、自分が合理的に意志することができるような行為でない行為をすることは不正である。

となるだろう。ここで受容されると想定される規則は、他の人々が従ったり従わなかったりするその様態に応じて異なった行為を要求するような例外条項付き規則である。ともあれ、「もしみんながそれをしたらどうなるか？ What if everyone did that?」という発想がここでは放棄されているということが重要である（p. 319）。

万人の合理的意志可能性

Parfit は続いて、「黄金律 Golden Rule」の問題を経由してカント的原理に修正を加えようとする。「黄金律を適用すると、裁判官は犯罪者に有罪宣告を下すことすらできない」という典型的な批判に対し、Parfit は次のような——黄金律に関する議論ではお馴染みの——修正を提案する（§46）：

【黄金律 -6 G6】
我々は万人を、もし自分がこれらの人々の全員の立場にあってかつ彼らと同様であったとしたならば、そう扱ってほしいと合理的に欲するだろう（would rationally be willing）ように、扱うべきである。

要点は、犯罪者とのみ立場交換をするならば、犯罪者を処罰することはできないかもしれないが、犯罪の（潜在的）被害者を含む全員と立場交換をすれば、有罪宣告が可能だということにある。もちろん全員と

---

[6] Parfit はこの修正を LN に施したものを LN4 とするが、ここでは MB3 に対して同様の修正を行った。

立場を交換するということが具体的にどういうことかは問題だが[7]，それでもこの形式の黄金律についてカントの黄金律批判が成り立たないことは明らかであるとParfitは指摘し，更にこの形態の黄金律が適切な結論を導き，カントの定式（LN, MB）が失敗する場合があるとして「黒人を排除しようとするホテル経営者の差別的白人」という事例を提示する。

　黒人差別を行う白人のホテル経営者は次のように考えるだろう。万人が同様に振る舞うとしたら——つまりすべてのホテル経営者が黒人を排除したら——，そしてそれを万人が——排除される当の黒人も——道徳的に正しいと思うとしたら，どうなるだろうか。なんの問題もない！この差別的経営者がそれを合理的に意志し得ないと考える理由はない（定式適用に先立って人種差別が不正であるということに訴えるわけにはいかないことに注意したい）。問題を引き起こしているのは，黄金律との差異，つまりこの差別的経営者の合理的意志可能性判断があくまでも自分自身の差別的観点から（のみ）行われていることである[8]。差別的行為の相手方である黒人自身の観点からは，そうした状況は合理的に意志され得ないだろう。従って，合理的意志可能性は（影響を蒙る）万人の観点から判断されなければならない。そうすると（§49）[9]：

---

[7]　可能な方式としてParfitが挙げているのは例えば：「私がアメーバのように分裂してそのそれぞれが彼らと同じような人生を送ることになるとしたら（Thomas Nagel）」，「以後，彼らと同様の人生を（同時にではなく）次々と送ることになるとしたら（Richard Hare）」，「それらの人々の立場に立つ確率が等しいとしたら（John Harsanyi）」，「かれらの内の誰かになることを，その確率についての知識を抜きにして想像したら（John Rawls）」である。

[8]　立場交換・反転可能性（reversibility）を巡る議論の文脈で「その人自身の観点から in propria persona」と呼ばれる問題と同じ問題であることに注意したい。狂信的ナチス将校があるユダヤ人を銃殺しようとしているとしよう。我々は「相手の立場に立って考えたらどうなるか？」と問いかける。そこでこの狂信的将校は，今にも虐殺されそうなユダヤ人と立場を交換するのだが，その交換後の状況についてこの将校自身の観点からは——彼が真に狂信的であれば——それを是認することができるだろう。そこで，あくまでもユダヤ人の観点から反転後の状況を判断するようにこの狂信的将校に求めるとすれば，「立場を交換しても受容可能な様態で行為せよ！」という要求は黄金律の要求であることになる。他方で，同一の判断主体内部での反転前の判断と反転後の判断との矛盾を問題とし得るのは前者の場合のみであることに注意したい（cf. Hare, *Freedom and Reason*, Oxford U.P., 1963: 108）。Parfitによるこうした修正が，同様にして，同一の判断主体内部での判断・意志の矛盾を問うというカント的契機を捨象してしまっているのではないかという懸念が生じえよう（主観的意志決定としての格率という要素を行為評価から排除したこととも相俟って）。

[9]　話を単純にするために省略されているが，この定式の「普遍的受容 universal

【普遍的に意志可能な原理の定式 Formula of Universally Willable Principles】
その普遍的受容を万人が合理的に意志し得るような何らかの原理によって許可されているような行為でない行為は不正である。

が得られるが，これは「その普遍的受容を万人が合理的に意志しうるような原理に従って行為せよ」ということであり，契約説の一形態である（*Kantian Contractualism*）。

2.2 カント的契約説

Parfit の次の作業は，契約説の最も説得的な形態が如上の「カント的契約説」に一致することを示すことである。だが，カント主義と帰結主義に関わっている本報告ではこの点には深入りせず，カント的契約説についての Parfit の所論を手短に概観するに留める。契約説の典型的雛形（§50）：

【合理的な同意の定式 Rational Agreement Formula】
その普遍的受容に合意することが万人にとって合理的であるような原理に従って行為すべきである。

について，Parfit は，現実の人々の交渉地位の差異を合意結果が反映してしまうことを問題視する。道徳が保護を与えなければならないのはむしろ現実の交渉地位が劣っている人々に対してであるのに対し，RA が導く原理は交渉地位が勝っている人々に有利なものになってしまう。問題は，合意に到達しようとして人々が交渉（bargaining）に従事してしまうことにあると Parfit は考える（p. 345）。Parfit によれば，彼のカント的契約説はこの桎梏を逃れている。というのも：

---

acceptance」の部分は MB3* と同様の修正を蒙らなければならない（はずである）。

【カント的契約説 Kantian Contractualism】
その普遍的受容を万人が合理的に意志し得るような原理によって行為すべきである。

に於いて，人々は合意に到達しようとして交渉するのではないからである。ただ，人々が（他人との合意云々は気にせず）合理的に意志しうるような原理を考え，それらが（合意によってではなく）一致するような原理があればよい。選ばれた原理が（たとえば功利主義がそうなる可能性があるように）特定の人々に過大な負担を課すものだとすれば，その過大な負担を課されることになるだろう人々はそのような原理を意志しないだろう（したがって功利主義のような立場が選ばれることはないだろう）。しかしながら他方で，合理的な人々が自己利益（self-interest）のみに基づいて（合意に到達しなければならないという制約抜きに）原理を選ぶならば，万人の間での一致が生ずることもないだろう。ここで Parfit は次のように主張する（p. 358）。我々には自己の福利を気にする強い理由があるが，それだけが唯一の合理的目的ではなく，そのほかの他者の福利のようなものもまた合理的目的である。したがって，合理的な人はそれらをも考慮することになる[10]。

2.3 規則帰結主義へ

不偏的理由と善さ

如上の理解から，たとえば「苦痛 pain」について誰もが自他のそれ（の軽減）を考慮する客観的理由がある——一般に苦痛を考慮する不偏的理由がある——ことになる。何かが（誰かにとってではなく端的に）善いとはそれを有利に考慮する不偏的理由があるということであり，ある事態が最善であるとは，他の事態とともに考慮した場合に，その事態が生ずることを望む最も強い不偏的理由があるということである（§55）。

---
10) 合理性についての反「ヒューム主義」的（反主観主義的）理解が採用されている。とまれ道徳を非道徳的な事実——人々の自己利益に関する事実——に還元しようとする契約説の「ホッブズ主義」的魅力がここでは完全に失われてしまっていることに注意したい。

規則帰結主義の論証と「要求の高さ」問題

ここまでの準備の上で，Parfitが提示する規則帰結主義の論証は次のようなものである（§57）：

【規則帰結主義のカント的論証 Kantian Argument for Rule Consequentialism】
- （A）その普遍的受容を万人が合理的に意志ないし選択しうるような原理に万人が従うべきである
- （B）万人は，選択する十分な理由があるものをなんであれ合理的に選択しうる
- （C）その普遍的受容が最善の事態をもたらすような原理——UA-最適原理——がある
- （D）これらの原理は，万人がそれを選択すべき最も強い不偏的理由を有するような原理である
- （E）これらの原理を選択すべき誰の不偏的理由も，その他の関係ある衝突する諸理由によって決定的には覆されない

したがって
- （F）万人は，これらの最適原理を選択する十分な理由がある
- （G）万人がそれを選択する十分な理由を有するような，他の非最適原理はない

したがって
- （H）万人が選択する十分な理由を有し，それゆえ合理的に選択しうるのは，これらの最適原理のみである

したがって

万人がこれらの原理に従うべきである

どの前提も非帰結主義者が受容しうるものであるから，この論証は循環論証ではない。（A）はカント的契約説の原理であり，（B）もほぼ自明である。（C）も——帰結主義に賛成するかどうかはともかく——特に問題はないだろう[11]。（D）は定義からほぼ従う。したがって，この論

---

11) だが，2.1の議論を思い出そう。ブラントの例外条項を含むような諸原理について，それを受容する人々がどのくらいいてもそれに関わりなく，各々の場合に最善の帰結をもた

証の実質的問題は（E）にあることになるだろう。

（E）は帰結主義の持つ「不偏性 impartiality」の持つ問題性と関わっている。私が自分や自分の愛する人間の福利を赤の他人のそれより重く配慮すべきであるか（行為者中心的義務），ないし配慮してもよい（行為者中心的特権）と考えるならば[12]，私はそれらを配慮する「偏頗的 partial」理由を有していることになる。帰結主義の不偏性が自分と特別の関係にある人間と赤の他人とを同列に扱えと命ずるということは，我々が自分の人生に於いて大事だと考えるものを，そうした違いを考慮することなく犠牲にせよと命ずる可能性があるということでもある。（E）は，偏頗的理由が不偏的理由を覆さない，つまり，帰結主義の要求が我々にとって個人的に過酷だということはない，という主張であり，高度に論争的である。Parfit は当然の事ながら，（E）を擁護する長大な議論を展開しているが（§58-§62），ここでは立ち入らず，規則帰結主義が提示する最適規則に（赤の他人よりも我が子の救助を優先することを許し或いは命ずるような）行為者中心的規則が属するだろうということに Parfit が注意を促していることを指摘しておくに留める[13]。

3　なにが示されたのか

仮に Parfit のこうした議論が正しいとしてみよう。だが，そこで――私のような帰結主義者にとって――いったい何が示されたことになるのだろうか？

らす，というような単一の原理が存在するかどうかは極めて疑わしい。この問題についてはすぐ後に扱う。

12)　この問題については S. Scheffler, *The Rejection of Consequentialism* (revised edition), Oxford U.P., 1994 を見よ。

13)　人々が行為者中心的に行為することを許容することによって不偏的観点から優れた帰結がもたらされる，という議論は規則帰結主義にかぎらず帰結主義の基本定石である。Hare の二層理論（two-tier theory）でもそうだが，たとえば，Robert Goodin の「割当責任論 assigned responsibility」のような議論を見よ（cf. R. Goodin, *Utilitarianism as a Public Philosophy*, Cambridge U.P., 1995: 280-287）。

帰結主義者はどうすべきか

如上の論証の構造を見て分かる通り，カント的契約説と幾つかの追加前提から規則帰結主義が導かれていることに注意したい。仮に Parfit の議論が全体として説得的ならば，カント主義者と契約説論者には，規則帰結主義を採用すべき強い理論的理由があるだろう。だが，帰結主義者が行為帰結主義ではなく規則帰結主義を採用すべき理論的理由——たとえば帰結主義者がカント的契約説を受け入れるべき理由——をこの論証はなんら提供していないのである。しかも，Parfit は自分の規則帰結主義の最適規則体系にブラントの例外条項を組み入れることを想定しており（p. 319），Parfit 自身が指摘するようにそうした規則帰結主義は行為帰結主義と同様にかなり要求の高いものとなる。しかし，「規則帰結主義のカント的論証」の前提（E）を擁護することによって，Parfit はこの要求の高さが高過ぎることはないと主張しているのだから，行為帰結主義の要求が高過ぎる——これは行為帰結主義に対する主要な批判点である——ということもないだろう[14]。Parfit の論証は帰結主義者をカント主義者・契約説論者と同じ山に登らせることに成功していない。だが，Parfit の議論と整合的な形で，帰結主義者が規則帰結主義こそを採用すべき理由があるのだろうか？

規則帰結主義はブラントの例外条項を排除すべきである

規則帰結主義を行為帰結主義と別して擁護したければ，規則帰結主義が行為帰結主義と異なるその点こそを擁護しなければならないだろう。私の見るところでは，それは第 1 節の最後で見た 3 種類の対応のうち「（B）：ブラントの例外条項を排除する」によって達成される。ブラントの例外条項の排除は，我々の責任範囲を限定する効果を有することによって規則帰結主義の要求の高さを大幅に減じ，そのことによって「規則帰結主義のカント的論証」の（E）をより説得的にする。

ブラントの例外条項は定義上，「もしみんながそれをしたらどうなるか？」の考慮に於いて影響を与えない。したがって，ある規則体系がブラントの例外条項を含むべきか否かを考える際には，普遍的受容の想定

---

14) 特に二層理論（Richard Hare）や間接帰結主義（Peter Railton）のような形態の行為帰結主義については。

を捨てて，部分的受容状況を考えなければならない。また逆に，もし規則体系を評価する際にそれが部分的受容状況でどのような事態をもたらすかを考慮するならば，最適な（＝正しい）規則体系にブラントの例外条項が入ることも否定し難い。したがって，ブラントの例外条項を排除するということは，部分的受容状況の考慮を放棄するということである。これは大胆な理論的選択ではあるが，ブラントの例外条項を認めるタイプの規則帰結主義のように不安定な立場ではないという利点があり，また自然法則の定式が有するカント主義的性格を非妥協的に保存するという点に於いて，考慮に値する選択である。

既に明らかであるだろうが，規則体系の道徳的評価を帰結主義的に行う際に「もしみんながそれをしたらどうなるか？」という普遍的受容の想定が直ちに出てくるわけではない。たとえば，ある規則体系について「それを受容しない人々がいない場合，それを受容しない人々がひとりいる場合，……」というようにすべての可能な受容状況を考慮し，それぞれの下で当該規則がもたらすことになる帰結の善さを集計して規則の善さ・正しさ（＝最善性）を決定するという規則評価方式も可能であり，これを取る規則帰結主義を「変率規則帰結主義 variable rate rule-consequentialism」という[15]。変率規則帰結主義を取ればブラントの例外条項は排除し難いから，それを排除するためには規則帰結主義者は「もしみんながそれをしたらどうなるか？」に訴える「定率規則帰結主義 fixed rate rule-consequentialism」に訴えなければならない。だが，なぜ変率ではなく定率で，つまり部分的（不）受容状況を排除して，規則体系を評価しなければならないのだろうか？　規則への専心を認める帰結主義者に普遍的受容の想定を受け入れさせる──カント主義を前提することなくカント的契約説へと山を登らせる──ようなどのような議論が可能だろうか？

---

15) 変率規則功利主義については，cf. "Introducing Variable Rate Rule-Utilitarianism," *The Philosophical Quarterly* (April, 2006).

4　普遍的受容の想定を如何に擁護しうるか

通時的状況：現実主義と可能主義
次のような事例を考えてほしい[16]：

【Professor Procrastinate's Case】
ある年の1月1日に，ある大学院生が指導教員であるプロクラスティネイト教授に，専任教員公募の面接でプレゼンする自分の論文にコメントをしてくれるよう頼む。彼女は（概して）優秀で職に相応しいとしよう。彼女の論文をチラッとみたところ，次のような事情である。もしこの仕事を引き受けて2月末までにコメントをすれば，この論文は大いに改善され，彼女の面接が大成功し，相応しい人に相応しい職が与えられたことになるだろう（とても善い）。もし断れば，彼女は自分で論文を改善し，インタビューはそこそこで，彼女か若しくは彼女ほどふさわしくない候補者に職が与えられるかもしれない（ほどほど善い）。しかし他方で，もし教授がコメントを引き受けたならば，その気になりさえすればコメントをできる（*could* comment）のだが，楽しい他の仕事を優先してしまい実際にはコメントをしないだろうから（*wouldn't* comment），論文の改善の機会を奪ってしまい，彼女の人生を台無しにしてしまうのだとしよう（ごく悪い）。プロクラスティネイト教授はコメントを引き受けるべきだろうか，断るべきだろうか。

この問いに対して，「断るべきだ。というのも，実際には教授はコメントしないので，断ることが最善なのだから。」と答える「現実主義 actualism」と「引き受けるべきだ。というのも，教授がコメントを引き

---

16) この例は Holly Goldman, "Doing the Best One Can," in Alvin Goldman and Kim Jaegwon eds. *Values and Morals*, Reidel, 1978 と Frank Jackson, "Group Morality" in Pettit, Sylvan and Norman eds., *Metaphysics and Morality*, Blackwell,1987. の例を合成し手を加えたものである。現実主義と可能主義の対立についてもまずは両論文を参照されたい。

受けて実際にコメントをすることができ，それが最善なのだから。」と答える「可能主義possibilism」が対立している。前者は，教授が実際にするだろう（would）将来の行動を所与として，引き受けるか否かを考慮するのに対して，後者は教授がなしうる（could）将来の行動を所与として，引き受けるか否かを考慮する。

可能主義はしばしば次の義務論理学的原理によって擁護される：

【複合行為から構成的行為への義務様相転移（D）】
　複合行為a+bが義務的ならば，構成的行為aは義務的である。

現実主義（的帰結主義）者は，教授が「依頼を引き受けてコメントすべきであるが，しかし，依頼を断るべきである」と主張したがるはずだが，それは説得的に見える原理（D）の下で不整合をもたらす。他方で，この原理は可能主義にも負担をかける。いまや，ある行為の義務的評価は，その行為を含む大きな複合行為の評価を俟ってからでなければ安全に行い得ない。このステップは反復されざるを得ないので，評価対象の行為は極大的行為――人生をある様態で生き抜くという行為――に限られることになる。つまり，各行為は（現時点から見て可能な）最善の（＝正しい）人生が当該行為を含んでいるとき，そしてそのときに限って正しい，ということになる（我々が人生で犯す自分の過ちに備えて行動するということが正当化できなくなることに注意しよう）。他方で，その気になれば現実主義もこの原理の適用を回避することができる。構成的行為を義務的評価の対象から外し，行為の評価は常に非構成的な単純行為――撤回不能な単一の意図によって行われる行為――に限られる，とすればよいだろう。だから，原理（D）自体はどちらの陣営にとっても決め手にならない。

　共時的状況：行為帰結主義と規則帰結主義
原理（D）に対する現実主義と可能主義の対応が，行為帰結主義と（ブラントの例外条項を排除する型の）規則帰結主義にパラレルであることに注意したい。行為帰結主義は他者の行為様態を所与として自分の行為選択のみを熟慮の対象としている。これに対して，規則帰結主義は他

者を含む全員の可能な行為パターンのうち最善のものを考えた上で，そこに於ける自分の担当部分を果たすことを求めている（全員がそれに従った場合の帰結が最善になるような規則に全員が従っていることは全員の可能な行為パターンのうちの最善のものであるから）。

可能主義の擁護論

次のような議論を考えよ：「教授が実践的熟慮に従事するとき，彼は自分が如何に行為すべきかについて思惟しているはずである。将来の自分の行動は自分の行動であって，熟慮の対象であるはずであり，あたかも他人の行動であるかのごとく，熟慮にとっての与件として扱われるべきでない。引き受けた後の自分を教授が自分であり，実践的熟慮を為す行為者としての教授自身（の一部）であると考えるならば，現実主義は棄却されなければならない。教授は依頼を引き受けてコメントすべきであり，それゆえ依頼を引き受けるべきであり，またその後にコメントすべきである。」つまり，行為者としての教授が1月1日に存在する時間的断片ではなく2月末までに亙る通時的行為者として熟慮するならば，可能主義が妥当する。

その共時的類比

仮にこの議論を認めるとして，その共時的類比は成立するだろうか？
行為帰結主義者は間違いなくそれを拒絶するだろう。私と他者は別個の行為者であり，私と他者の集合は行為者ではない，と。方法論的個人主義のような還元主義的態度の下ではこの反論は効果的である。だが，私達自身がそれ自体で行為者である時間断片から構成される集合的行為者であるように思われ，そうした還元主義的態度の貫徹は日常的な通時的行為者性をも解体し，行為帰結主義者に極端な現実主義の採用を迫るように思われる[17]。他方で，この可能主義の擁護論を類比的に規則帰結主義に及ぼすには，我々の全員が単一の行為者であるという必要があるように思われる。人類の全体が明らかにお互いに協調行動を取るつもりがそもそもないように見える現状では類比が成り立たないように思われ

---

17) この点に関しては，参照，拙稿「集団的行為主体と集団的利益：その実在性を巡る短い覚書」民商法雑誌150巻4/5号 pp. 587-608。

るかもしれない。

理性主義の極北？

だが次のような空想的（？）想定が可能かもしれない。もし大文字の理性（The Reason）自体がそのような単一の行為者であり，実は我々のような理性的主体がこの単一の行為者の構成的部分であるような時間的・空間的な断片であるとしたらどうだろうか。もし（D）の共時的類比が成立するならば，極大的集合的行為者の行為の義務性は部分行為——つまり我々諸個人の行為——に転移すると言える。個人が理性的であるということが，「理性」という極大的行為者の行為に於ける自分の役割を引き受ける用意があるということだと理解されうるならば，規則帰結主義は我々に行為理由を与え，それに従わないことは非合理的・反理性的である，ということになるだろう[18]。もし仮にこの容易には信じ難い描像がそれでもなお極端な現実主義的行為帰結主義よりも魅力的であるならば，帰結主義者にもまたカント的契約論と同じ山を登り，ブラントの例外条項を排除する型の——義務論的性格を帯びた——規則帰結主義を採用する理由があるかもしれない。

＊本研究は JSPS 科研費 JP26380007，JP15H03288 による研究成果の一部である。

---

18) 関連して，最善の行為パターンの実現に人々が協力的でない（not willing）場合でも最善の行為パターンに於ける自分の役割を果たす良い理由がある，という Christopher Woodard の理論を扱う予定であったが，本稿では割愛せざるを得ない。直接に彼の著作 *Reasons, Patterns and Cooperation*, 2008, Routledge の参照を請いたい。

〈共同討議Ⅰ「カントと功利主義」〉

同じ山に異なる側から登る
―― パーフィットの定言命法理解をめぐって ――

蔵田　伸雄

1. 問題設定

　多くの倫理学の教科書では，カント倫理学（あるいは現代カント主義的倫理学[1]）と功利主義を含む帰結主義（consequentialism）とは対立する立場であるとされており，しかも教育上の効果を考えて，この二者の対立は過度に誇張される傾向がある。またトロッコ問題等で「より多くの人の数の生命を救えばよい」といった単純化された功利主義的/帰結主義的道徳判断に反論するために「非帰結主義的・義務倫理学的（deontological）」，あるいは人格・人間の尊厳・権利などを重視するの立場の倫理学理論の代表例としてカント主義及びカント倫理学に言及されることも多い。

　しかし行為原則を正当化する際に，「もしも同様の状況にあるすべての人がある規則に従うとどうなるか」を問題にするという方法はカント

　　1）　ここには「カント主義的倫理学とは何か」という問題もある。現代の英語圏の倫理学ではKantian Ethicsとは狭く「カントの倫理学」のみならず，ロールズ以降の「カント主義的倫理学」つまりT. ネーゲル（T. Nagel），B. ハーマン（B. Harman），C. コースガード（C. Korsgaard），O. オニール（O. Oneill）らの立場を指すことがある。Nagelは別としても，他の三者は狭い意味での「カント研究者」でもあるが，彼女らの倫理学的立場は（非帰結主義的・人格重視・非幸福主義・義務重視等の意味で）「カント的」である。カント自身の倫理学上の主張やスタンスと現代の英米圏のカント主義の主張やスタンスとの間の「ずれ」は無視できないが，その点は本稿では重要な問題ではない。

倫理学と帰結主義的倫理学に共通している。カントが「自然法則の方式」を用いて，他者に対する完全義務と不完全義務について問題にする場合には，「もしすべての人がその格率に従って行為するとどうなるか」と想像するという方法を用いている。一方「規則功利主義者」は「もし同様の状況にあるすべての人がある規則に従って行為した結果として，社会全体や関係者の効用の最大化は実現されるか」と問うことによって，その規則が普遍的に妥当する道徳規則たりうるかを判定する。そもそもカント倫理学（特に定言命法の根本方式）がミルの『功利主義論』やシジウィックの『倫理学の方法』に，また規則功利主義の成立に与えた影響を考慮するなら，カント倫理学と規則功利主義／規則帰結主義との間に共通点があるのは当然である。

　だがこの両者の方法は「論理」重視か，「皆がある原則に従った結果を想像し，その結果生じる事態の価値（効用）」を重視するのかという点で方向性が異なる。「もし皆が同じことをしたらどうなるか」という想定は，カントが「他者に対する完全義務」や「他者に対する不完全義務」の例を用いて定言命法の「自然法則の方式」の妥当性を示す際に用いられているが，そこで用いられているのは，「格率の自己矛盾」（IV.422.usw.）や「意志の自己矛盾」（IV.423.usw.）といった「論理」に訴える論法であって，帰結主義的なものではない。

　パーフィットはその著書 *On What Matters* において，カント主義と規則帰結主義は「同じ山に異なる側から登っている」として両者の間にはさほど相違はないと考え，契約論も組み込む形で「カント的帰結主義」を提示している。確かにパーフィットの言うように，カントと規則功利主義・規則帰結主義との間には行為原則の正当化の際に「もし皆が同じことをしたらどうなるか」を想定するという点で共通点があり，そのような点では「カント的帰結主義」という立場はさほど無理な主張ではない[2]。しかし〈論理〉に対する訴えと，「皆がその原則に従うとした場合の想像上の結果」のどちらを重視するのかという点で両者は大きく異なる。またパーフィットは最終的には格率という概念は不要だと考えてい

　2）　カント的帰結主義（Kantian Consequentialism）を標榜する論者としてはCummiskeyがいるが，パーフィットはCummiskeyについては参考文献には挙げているものの，本文中では全く言及していない。

る。

　本稿の目的は，カント倫理学を規則帰結主義的に読み替えていくパーフィットのカント理解を手がかりに，カント倫理学と規則帰結主義の方向性の共通点と相違点とを明らかにすることである。

2. カント倫理学と規則功利主義

　「功利主義」は幸福主義（または快楽主義）・最大化原理（または総和主義）・帰結主義をその構成要素としているとされている。しかしカント主義的倫理学はこのいずれも採用しない。幸福主義については，カントは自己の幸福が行為の（最も強い）決定原理とされた場合の，行為の道徳的価値を否定する。幸福・快楽・効用 utility・福祉 welfare・便益 benefit・選好 preference 充足・価値 value 等々で何をその最大化の対象とするのか，という点で論者によって相違はあるとしても，功利主義者は一致して最大化原理を採用する。それに対してカント主義的倫理学は最大化原理を採用しない。またカント倫理学が行為の道徳的価値を判定するに際して，行為の直接的結果を問題にしない非帰結主義であることは言うまでもない（IV.394）。

　カント倫理学が非帰結主義であるとされるのはもっぱら行為の場面である。確かに行為の道徳的評価という文脈では帰結主義である行為功利主義とカント的義務倫理学とは明確に異なっている。しかし行為原則の正当化の文脈では，カント的非帰結主義と，功利主義を含めた帰結主義との相違はさほど問題ではない。

　また他者に対する不完全義務として，他者の幸福を促進する義務を想定している点では，カントも帰結主義的な幸福主義にコミットしているように読めなくもない。そのように利他性を重視するという点で，カントは関係者全体の幸福を問題にする功利主義に近いところにいると言われることもある[3]。

　確かにカントは『基礎づけ』で格率の道徳性について評価する際に，

---
　　3) この点を強調すると「カントは功利主義者でもありえた」というヘアのような功利主義的カント理解に至る。R. M. Hare, *Sorting Out Ethics*, Oxford University Press,1997, p.148

「格率の自己矛盾」や「意志の自己矛盾」という概念に訴えており，これらは道徳的言語の論理に訴える非帰結主義的な基準である。つまり多くの場合，格率の道徳性を問題にする場面では，カントは帰結主義的な論法を使っていない，と解釈されている。だがカント倫理学について「もし皆がそれをしたら望ましくない結果が生じないか」を考える，という「一般化論法」[4]的な解釈をするならカントが用いている論法も帰結主義的だということになる。また行為の道徳的評価の決定に際してカントが幸福主義・快楽主義を除外しているのに対し，「自然法則の方式」を用いた議論では，格率の道徳的評価に際して他者の幸福や快楽・利益をある程度考慮しているように読むこともできる。

　本稿でとりあげるのは D. パーフィットの *On What Matters* の Ch.12-17 でのカントの「自然法則の方式」解釈である。本書でのパーフィットの結論は，「カント主義，帰結主義，（スキャンロン的）契約論の立場は一致しないと考えられてきたが，実はこれらの立場は〈同じ山に異なる側から登っている〉（p.419）にすぎない」ということである。契約論のポイントが「合意形成（あるいは社会契約）の可能性」にあるなら，カント倫理学と功利主義との間には，合意形成の可能性を重視するという点で契約論者に似ているという共通点がある。何らかの道徳的あるいは道徳外的理由に基づいて「合意」可能な道徳原則を正当化しようとするなら，われわれは契約論的な観点に立たざるをえない。ホッブズ，ロック，ルソーのカントへの影響というカント倫理学の成立した歴史的な経緯や，あるいはスキャンロン的な現代契約論がロールズによる契約論的カント解釈を経由していることを考慮すれば，現代契約論の淵源がカントにあるとする理解もそれほど的外れではない。[5] また規則功利主義を含む規則帰結主義も規範に関する合意を前提している。このように契約論とカント主義，さらに契約論と功利主義との間の相違点は小さい。そのため本稿ではカント主義と規則帰結主義との対立に焦点を絞

---

[4] 一般化論法（generalization argument）とは，Marcus G. Singer がその著書 *Generalization in Ethics*（1961, Alfred A. Knopf）でカントの定言命法をもとに提起した「もし皆がそれをしたら望ましくない結果が生じないか」といった観点から行為を評価する方法である。

[5] 超越論的哲学に基づくカント主義とスキャンロン的契約論との間にはやはり溝がある。

る。
　カントと帰結主義との間に相違はあるとしても，パーフィットのように，定言命法を精緻化する過程で利他的な行為のことを考慮するなら，道徳的評価プロセスの中に帰結主義的要素を導入する必要があるように思われる。[6] 道徳的原理の適切さを評価する場合には，利他主義的な側面（特に他者に対する不完全義務），つまり他者の快楽や幸福や利益をある程度考慮せざるをえない。だが他者の利益を「考慮」するだけではそもそも利他主義とはいえず，現実に他者の幸福や福利の増進や生命維持に寄与する行為を行っていなければ，その行為者を道徳的に高く評価することはできない。
　以下ではまずカントが「同じことをしたらどうなるか」という思考実験をどのような形で用いているのかを確認し，その後でそれとパーフィットの帰結主義的な定言命法解釈との相違について検討する。

3.「もし皆が同じことをしたらどうなるか」あるいは「自然法則の方式」と「格率及び意志の自己矛盾」

　先に述べたように，「もし皆が同じことをしたらどうなるか」という論法を用いるという点は，カント倫理学と規則功利主義に共通している。しかしこの論法に関する両者の理解の方向性は異なっている。「もし皆が同じことをしたらどうなるか」という想定は，カントが「他者に対する完全義務」や「他者に対する不完全義務」の例を用いて定言命法の「自然法則の方式」の妥当性を示す際に用いられている。しかしそこで用いられているのは「格率の自己矛盾」(IV.422.usw.) や「意志の自己矛盾」(IV.423usw.)，つまり「矛盾」という概念である。「格率の自己矛盾」は（自己に対する義務も含めて）「完全義務」について用いられ

---

[6] 本稿で扱うような内容では，カント自身の道徳哲学（特に『道徳の形而上学の基礎づけ』でのそれ）に即して議論を展開するのか，また現代の英語圏のカント主義（先に挙げたネーゲルやコースガード，バーバラ・ハーマンといった人々の立場），さらに（多分）カント主義者である私の，どの視点から議論を展開するのか，という問題がある。この三者は厳密には区別する必要があるのだが本発表では区別することなく議論を展開したい。

る規準であり、「意志の自己矛盾」は（自己に対する義務も含めて）「不完全義務」に関して用いられる規準である。「格率の自己矛盾」とは〈そのような格率が普遍的自然法則となると、そのような格率は自己矛盾する〉（vgl. IV. 421）ということであり、「意志の自己矛盾」とは〈そのような格率が普遍的自然法則となると、その格率に対応する行為を意志すること自体に矛盾が生じる〉（vgl.IV. 423）ということである。これらの規準は矛盾という概念（Widerspruch/contradiction・inconsistency）に訴える、「論理」的な規準であり帰結主義的な規準ではない。

　周知のようにカントは「他者に対する完全義務」に違反する格率の例として、〈自分が金に困っていると思うときには人から金を借りて、決して返せないとわかっていても返すと約束する〉という格率をあげている（IV.422）。そしてカントはこの格率に「自然法則の方式」を適用し、〈すべての人がその格率を自らの格率として採用し、それに従って行為するとどうなるか〉を考えよという。つまり、もしもこの格率が普遍的自然法則となり、すべての人がそれに従うなら「金に困っている人はすべて、守るつもりもないのに必ず返すと約束して金を借りてもよい」ということになる。カントはこのような格率は「必然的に自己矛盾」すると述べている（sich notwendig widersprechen,「このような格率は決して普遍的道徳法としては妥当せず、自己自身と一致せず、必然的に自己矛盾することはすぐにわかる」IV.422）[7]。

　一方「意志の自己矛盾」に関してカントがあげている例は、「深刻な困窮と闘っている他者がいて、自分がその他者を助けることが容易であるなら、そのような他者に無関心であってはならない」という格率である（vgl.IV.423）。そのため「自分が困窮している時には他者は自分を助けるべきだが、他者が困窮している時は自分はその他者を助けなくてもよい」という格率が「普遍的自然法則」なると、そのような意志は「自己自身に対立するだろう」（ein Wille,der dieses beschlöse, würde sich

---

7)　この「矛盾」とはどのような矛盾なのかについては様々な解釈が可能である。例えば、そもそも「約束」という概念には「守らなければならないもの」という規範的な意味が含まれており、「約束は守らなければならないが、守らなくてもよい」と判断するなら、その判断には矛盾が含まれている。つまり完全義務に対する違反を許容するような格率は「矛盾なしに普遍的自然法則となることは考えられない」ということになる。なお、パーフィットも含めて、この場合の「矛盾」は英語では inconsistency という語が用いられることが多い。

selbst widerstreiten）とカントは言う（IV.423）。すべての人がそのような行為原則に従っている世界では「私が困っているときは他者に援助して欲しい」と意志しても，そのような欲求はみたされることはない。いわば〈実現されること自体が不可能な意志〉をもつ，という事態をカントは「意志の自己矛盾」という形で表現していることになる[8]。

　一方「もし皆が同じことをしたらどうなるか」という（一般化論法的な）思考実験は，規則功利主義でも用いられている。規則功利主義では〈もし皆がその規則に従って行為したら，その結果として効用は最大化されるのか〉といった思考実験を用いた形で規則の道徳的価値が帰結主義的に判定される。規則功利主義を含めた規則帰結主義はこのようなカントの論法をとりこむ形で成立してきたと言ってよい。[9]

　また利己的原理の否定という点もカントと功利主義の双方に共通している。我々には自己愛のゆえに，自らを道徳法の妥当性の例外にしようとする傾向がある。そして「格率の自己矛盾」や「意志の自己矛盾」といった概念は，自己愛に基づく利己的な格率は「普遍的道徳法」とはならないことを示すための概念である。そして功利原理も関係者全体の利益や価値の最大化のためには，自分の利己的な利益をある程度放棄することを命じていることになる。

　だが両者がこのような「一般化テスト」を用いて利己主義を否定するという点では共通しているとしても，行為原則の妥当性について「矛盾」という論理的観点を重視するのか，それとも想像上の予測された帰結という観点を重視するのかという点では，カント（主義的）倫理学と規則功利主義とは異なる。カントは「人が皆そのような原則（格率）に従った結果」として生じる事態の価値（例えば関係者の効用の増大）を問題にしているわけではない。カントが問題にしているのは，皆がある種の格率に従った場合に，「約束」あるいは契約などの社会的実践（あるいは「他者に対する完全義務」に対応する行為）は成立しうるのか，とい

8）このような様相に関する事態を，「矛盾」という語で表現するカントの呼び方自体に問題があると言うこともできるかもしれない。

9）この点については蔵田（1995）で論じている。また功利主義を洗練させる過程でカントの原則に明確に言及した論者として，シジウィック以外には経済学者のハロッドや，規則功利主義者のブラントがいる（Harrod,1936:Brandt,1959）。またこの点については田中 2012 から示唆を得た（田中 2012, p.103）。

うことである。「偽りの約束をして金を借りてもよい」という格率にすべての人が従えば、「約束」という実践そのものや、約束によって何らかの目的を達成すること自体が不可能になる。ここで問題にされていることは「結果」の価値、つまり効用や利益ではない。したがって「格率の自己矛盾」に訴える論法は「予想される結果」を考慮するような帰結主義的な論法とは本質的に異なる。

　だが「格率の自己矛盾」に訴えるカントの方法を用いることができる事例は限られており、カントの方法は「現実に有効な（具体的な行為を導く）格率」を定式化するためには不十分である[10]。確かに「格率の自己矛盾」や「意志の自己矛盾」といった基準は、「自分の利益のためなら守るつもりのない約束をしてもよい」という格率や、「困窮している他者の苦境を見過ごしてもよい」といった、その道徳性が直観的に明らかな格率（義務）の適否や、契約などの社会的実践を不可能にする行為の道徳的許容不可能性を示すための基準としては有効であるだろう。しかしその妥当性が必ずしも直観的には明らかではないような、やや複雑な行為原則の妥当性を評価する基準として、この基準が有効であるかどうかという点には疑問が残る。例えば「医師による自殺幇助を認めてはならない」といった医療倫理原則の道徳的是非を「格率の自己矛盾」や「意志の自己矛盾」といった概念だけで判定することは困難である。そこでは、そういった行為を導く行為原則の妥当性を問うための方法として「すべての医師が自殺幇助を行うとどういう結果が生じるのか」といった思考実験を用いざるをえない。「自然法則の方式」については、それを行為原則の有効性を問うために有効なものとする必要があり、パーフィットの帰結主義的なカント解釈の試みもその路線上にあると言ってよい。そこで次にパーフィットのカント解釈の概要について見てみたい。

---

10) 個別的な行為の道徳的価値を評価する際には「目的自体の方式」（IV.429）の方が有効であるかもしれない。

4. パーフィットの On What Matters

　D. パーフィットはその主著『理由と人格』（*Reasons and Persons* 1984）では功利主義について多くのことを語っていた。だが道徳性に関する包括的な理論を組み立てることを試みた *On What Matters*（全3巻，第1巻と第2巻は2011，第3巻は2017）の第1巻の後半部分ではカントの定言命法の「自然法則の方式」に詳細な分析と解釈を加えている。

　パーフィット自身はカント研究者ではなく，また自分自身をカント主義者だとは考えていないとしても，*On What Matters* は1960年代以降のカント倫理学解釈や，英語圏でのカント主義的倫理学の展開，特に定言命法の諸方式の解釈の集大成的な内容となっている。またパーフィットはバナード・ウィリアムズの問題提起（不偏的な道徳原則に関する疑問）[11]なども組み込んだ形で定言命法解釈を展開しており，その解釈は1970年代以降の英語圏の規範倫理学・メタ倫理学の動向をおさえたものともなっている。

　そしてパーフィットは「自然法則の方式」に彼独自の解釈を加えた結果，「カント的帰結主義」（p.377）を主張するに至っている。「自然法則の方式」は「最大の最適の利益を生み出す格率に従う」ことを命じるものと理解され帰結主義的に理解されることになる（p.376）。これは「普遍的法則の方式」についても同様である。カント研究者の中には「カントの普遍的法則の方式は，私たちが「何が不正（wrong）か」を決めるには役にたたない」と考える人も多い[12]。そしてパーフィットによれば「カントの普遍的法則の方式は（中略）この方式が規則帰結主義を意味

　11）　ウィリアムズの問題提起に対するカント主義からの応答としてのバーバラ・ハーマンの主張をまとめたものとしては田原（2015）がある。

　12）　パーフィットによれば A. ウッド（Wood）は自然法則の方式は「根本的に欠陥があり」それに「全く価値がない」と言い，B. ハーマン（Herman）はそれは機能（work）しないと言い，T. ヒル（Hill）はそれが「緩く，部分的にでも行為を導く」ことすら疑い，O. オニール（Oneill）はそれは「しばしば受け入れ不可能な導き guidence を与えるか，導きを全く与えないか」だと言う（p.341）。

しない限り，うまくいく succeed ことはない」（p.403）のである。
　「自然法則の方式」はあくまでも「形式的な」もので，「どのような行為が道徳的に善い行為なのか」を実質的に判定する機能はないと言うこともできる。だがパーフィットは定言命法の方式の中でも特に自然法則の方式が重要だと考え，特に *On What Matters* の第12章で次々とその言い換えを試みている。[13]
　例えば「いついかなる場合でも嘘をつくな」という格率の妥当性をカントの「嘘の例」（私が自分の家に匿っている友人を追ってきた殺し屋に対して，私の家にその友人はいないと嘘をついてよいか）に即して考察するなら，そこでは何らかの帰結主義的な要素が判定基準として導入される（pp.279-281）。そもそも何らかの行為原則（あるいは格率）の妥当性を評価しようとするとき，その格率に従ってなされた行為の結果として生じる事態の価値（効用や利益，さらに他者の苦痛や快）を無視することはできない。
　「自然法則の方式」が困難に直面するのは，「困窮した他者を助ける義務」に代表される「他者に対する不完全義務」をどのように正当化するのか，という場面である。パーフィットによれば，「困窮している他者」に対する義務についてはネーゲル的な「他者の立場に立って想像する」ことによっても，ロールズ的な「無知のヴェール」を使ってもうまく説明できず，スキャンロン的契約論的議論がもっとも妥当な説明になる（p.339）。
　まずパーフィットは「困窮した他者を助ける義務」に関して，ネーゲルの議論を検討している。パーフィットによれば，ネーゲルはカントはこの方式で〈「他の誰かの立場に立つ」ことを想像してみること〉を意図していると解釈している。[14] 先に見た，「自然法則の方式」を用いて他者に対する不完全義務の正当化を試みるカントの議論（IV.423）をネー

　13）「目的自体の方式」や「自律の方式」を踏まえたパーフィットのカント解釈については本稿では十分に論じることはできない。
　14）ここでパーフィットがネーゲルのどの著作を想定しているのかは明かではないが，おそらくネーゲルの *Possibility of Altruism*（1976,『利他主義の可能性』），*View from Nowhere*（1986, 邦訳中村昇他訳『どこでもないところからの眺め』春秋社 2009）といった著作であると思われる。この点はカントの黄金律に対する批判（IV.430 Anm.）や，それに関するパーフィットの長い議論（p.321）に関わる。

ゲル的に理解するなら，カントは「(豊かな)自分が困窮している他者の立場にたった場合の事態を想像すること」を促していると理解される。もっともカント自身はこのような「他者の立場に立つ」といった論法はほとんど用いていないし，パーフィットもそのように理解している。

　次にパーフィットが検討するのはロールズである。カント的普遍主義の契約論的な読み替えとしては，ロールズの「無知のヴェール」という概念装置を用いた方法がある。ロールズの想定は，「原初状態」ではそこへの参加者たちは無知のヴェールに覆われていて，自分がどのような人間なのか，どのような状況に置かれているのかを知らない，という想定がなされている。[15] しかしパーフィット自身がここで指摘しているようにカント自身は「自然法則の方式」を用いる時に，このような仮想的状態における想定に訴えているわけではない。

　パーフィットが「自然法則の方式」の最も有力な解釈として考えているのはスキャンロン的な契約論にもとづく解釈である。パーフィットはスキャンロン的−契約論的な解釈として，「普遍的意志可能原則の方式」を提示している。それは以下のようなものである。

　「普遍的意志可能原則の方式」〈普遍的に受容されることを誰もが合理的に(理性的に)意志できるであろう何らかの原則によって許容されない限り，行為は不正である〉(The Formula of Universally Williable Principles: An act is *wrong* unless such acts are permitted by some *principle* whose *universal acceptance* everyone could *rationally* will. (p.341, 強調は蔵田による))

　またカント倫理学の利他主義的な側面(特に他者に対する不完全義務・愛の義務)を考えるなら，他者の快楽や幸福や利益を考えざるをえず，それらの価値は帰結主義的なものにならざるをえない。そもそも利他主義の立場に立つなら，「他者の苦痛の回避」を目指さざるをえない(P.371-2)。そして〈何らかの行為原則を採用して，それに従って行為し，その結果(outcome)が他者に苦痛(suffering)を生じさせるかどうかによって行為原則の道徳的価値を判断する〉という規準は，帰結主

---

15) J. Rawls(1974), *A Theory of Justice*, The Belknap Press of Harvard University Press (邦訳　ジョン・ロールズ，川本/福間/神島訳『正義論』紀伊國屋書店 2010)

義的な規準である。このように他者の苦痛の回避という利他主義的な行為は，（規則）帰結主義的な要素を含んでいる。

そもそもパーフィットは道徳理論が妥当なものであるためには，その理論は帰結主義的なものでなければならないと考えている。パーフィットは以下のように言う。「何らかの妥当な道徳理論は結果のよさに関する事実に訴えることができるのだが，いくつかの（道徳）理論はそういった事実が基本的だと考えている」(p.373)。そしてパーフィットは「自然法則の方式」を「格率帰結主義」として解釈する（p.375）。

このようにパーフィットは「自然法則の方式」と「普遍的法則の方式」に精緻な解釈と検討を加えた結果，「カント的帰結主義」を導き出すに至っているが，「カント的帰結主義」は以下のようにまとめられている (p.400：強調は蔵田による)。

「普遍的に受け入れられることを誰もが合理的に選ぶか意志できるであろう原則に誰もが従うべきである」(Everyone ought to follow the principles whose universal acceptance everyone could rationally choose or will.：カント的契約論の方式)

「普遍的に受け入れられるなら，事態が最善となるであろう原則がある。」(There are some principles whose universal acceptance would make things go best.)

「そして，これらの原則を誰もが受け入れるだろうと誰もが合理的に意志することができるだろう。」(Everyone could rationally will that everyone accepts these principles.)

「これらの原則だけが，普遍的に受け入れられることを誰もが合理的に意志するだろう原則である。」(These are the only principles whose universal acceptance everyone could rationally will.)

以上から以下のような「普遍的受容-規則帰結主義」(UARC: universal acceptance rule consequentialism) が導かれる。

「誰もが従うべき原理がある。」(there are the principles that everyone ought to follow.)[16]

このようにしてパーフィットは「自然法則の方式」を帰結主義的に読

---

16) p.378でも別の形でのカント的帰結主義の導出が述べられている。

み換える。

　パーフィットの結論は，先に述べたように「カント主義，帰結主義，（スキャンロン的）契約論の立場は一致しないと考えられてきたが，実はこれらの立場は〈同じ山に異なる側から登っている〉にすぎない」ということである。少なくともパーフィットが行っているように，様々な思考実験を繰り返しつつ，定言命法を精緻に言い換えていく過程では，単純な帰結主義か，非帰結主義かという区分はさほど重要なものではなくなっていくという主張にはそれなりの説得力がある[17]。

　ここでパーフィットが問題にしているのは，何らかの行為原則が受け入れ可能（acceptable）かということである。行為原則が受け入れ可能であるなら，それは動機づけの力をもつ。そして原則が受け入れ可能であるためには，個々の行為原則について何らかの「理由」reason に基づく正当化が必要となる[18]。

5. 本当に同じ山を登っているのか？
―― 格率概念をめぐって ――

　パーフィットはカント（及びカント主義者）と功利主義者は同じ山を登っているという。確かに行為原則の道徳的妥当性の検討を緻密に行う過程では，帰結主義的な要素を考慮せざるをえないというパーフィットの主張には説得力がある。だが本当に両者は同じ山を登っているのだろうか。両者の間には格率概念の必要性の評価と，道徳的価値の性質の理解という点で相違がある。

　17）　パーフィットはいわゆる 'Number Problem'（道徳的葛藤状況では，助かる人の数が多い方がよい）についても単純に助かる人の数が多ければよい，とはしない（p.383）。5人を助けるか，1人を助けるかという場合に，仮に1人しか助けられないとしても，それが自分である場合や自分の子どもなどである場合は問題ないとパーフィットは考える（「第二の救命ボート」p.385 や「橋」p.390 の例）。このような点を考えてみても，*On What Matters* のパーフィットは素朴な帰結主義者ではない。

　18）　私はカント主義的動機内在主義を洗練させると必然的に個別主義に至ると考えている。しかしここには道徳判断の基礎になるのは合理性 rationality か，個々の行為を正当化する reason なのかという問題がある。Reason を重視するような立場は個別主義に至ることになる。しかし「カント主義」の立場を捨てないなら，rationality を捨てることもできないということになるだろう。

まず格率概念の必要性に関する理解という点でカントと功利主義とは異なる。パーフィットの理解では，「普遍的法則の方式」については格率概念を捨てて，むしろ合意された道徳的原則の普遍的受容（universal acceptance）を重視する形でそれらを改訂する，つまりそれを「契約論的に」改訂する方がよい，ということになる（p.299/p.341）。このようにパーフィットはカント倫理学の中から格率概念を消去できると考えている。しかし格率概念はカント倫理学にとって不可欠である。このような，個々人の格率よりも，合意された原則の普遍的受容を重視する「契約論的」な定言命法解釈をとるなら，それはカント主義的倫理学がもっている主観的な側面（主観的な行為原則の重視や，道徳心理学的，あるいは動機内在主義的な側面）を捨てることになる。

少なくとも私の理解では，格率概念はカント（主義的）倫理学のもつ主観的側面を示すものであり，それを捨てることはカント主義にとって不可欠な要素を放棄することである。[19] パーフィットが言うように，カント倫理学と帰結主義とは対立するものではないことが示されたとしても，行為原則の主観性をどのように考えるか，という点ではやはり立場の相違が残る[20]。そもそも受容・受け入れること（acceptance）という行為の動機づけに関わる語をパーフィットは用いているが，原則の受け入れは個々人の心的プロセスであり，そこで本当に格率概念を消去することができるのかと言う点は疑問が残る。

さらに道徳的価値の性質の点でも相違があると思われる。何らかの理由を用いた（道徳的）行為原則の正当化の過程で非帰結主義的要素と帰結主義的要素のどちらを重視するのかというカントとパーフィットの相違は道徳的価値の理解の相違とも関わる。カントにとって行為の道徳的価値は非自然的な価値であり，幸福や快楽などの自然的な性質に立脚するものでも，それに還元できるものでもない。カントはそのような非自

---

19) 私の理解では（『利他主義の可能性』や『どこでもない場所からの眺め』の）ネーゲルや，コースガードもこのようなカントの主観的観点を重視している。一方パーフィットにとっては，問題は遠い未来に「この宇宙が存在していてよかった」と思えるような宇宙を残せるか，という徹底した客観主義にある（p.419）。

20) これはメタ倫理学的には道徳的価値に関して自然主義的実在論をとるのか，また心の哲学・認識論について素朴な実在論をとるのか超越論的観念論をとるのかという相違に関わるのではないかと思われる。

然的な道徳的価値が立脚する道徳的原理の妥当性の根拠も，非自然主義的（論理的／形而上学的）なものだと考えている。[21]だがそれならカント的なアプローチをとる場合に，道徳的原則（格率）の正当化の場面で帰結主義的な方法を用いることは不適当ではないか，という疑問は依然として残る。道徳的価値が非自然的な価値であるなら，そこではある種の形而上学的根拠が必要であるが，帰結主義で問題になるのは非形而上学的な自然的価値だけだ考えることができるからである。

　カントからの引用は慣例により，アカデミー版の巻数とページ数を示す。なお，本稿での引用はいずれも『道徳形而上学の基礎づけ』Grundlegung zur Metaphisik der Sitten からのものである。またパーフィットの On What Matter の第一巻からの引用はそのページ数のみ示す。

　本稿は科学研究費補助金基盤研究(B) 課題番号 16H03337 による研究成果の一部である。

文　献

Brandt, Richard B.(1959)*Ethical Theory*,Prentice-Hall,Inc
Cummikey,David(1996) *Kantian Consequentialism*, Oxford University Press
Parfit, Derek(2011) *On What Matters,Volume One*, Oxford University Press
-----(1984)*Reasons and Persons* ,Clarendon Press ,Oxford（邦訳　デレク・パーフィット，森村進訳『理由と人格』1998，勁草書房）
Hare, Richard Marvin (1997)*Sorting Out Ethics*, Oxford University Press
Harrod, Roy Forbes (1936)Utilitarianism Revised, *Mind*, Vol. 45, No. 178 (Apr., 1936), pp. 137-156
Singer, Marcus　Gerorge(1961) *Genaralization in Ethics*, Alfred A. Knopf
Nagel, Thomas(1970) *Possibility of Altruism,* Clarendon Press Oxford
----- (1986)*View from Nowhere,* Oxford University Press（邦訳　トマス・ネーゲル，中村昇他訳『どこでもないところからの眺め』2009，春秋社）

---

21)　非自然的な道徳的価値を自然的な性質をもとにして正当化するという立場もありうるとは思うが，ここではそのような立場については考えない。

蔵田伸雄（1995）「定言命法と規則功利主義」『実践哲学研究』第 18 号，京都大学文学部倫理学研究室内実践哲学研究会，1995，pp.1-21
田中朋弘（2012）『文脈としての規範倫理学』ナカニシヤ出版
田原彰太郎（2015）「カント的行為者を文脈に位置付ける──バーバラ・ハーマンの道徳的熟慮を手がかりとして」カント研究会編『現代カント研究 13　カントと現代哲学』晃洋書房，2015，pp.68-83

共同討議 II

空間論から見たライプニッツとカント
（ライプニッツ没後 300 年）

　「ライプニッツとカント」というテーマは古くて新しい。古いというのは、カントの批判哲学はライプニッツ哲学の焼き直しにすぎないというエーベルハルトの批判に対して、『純粋理性批判』はライプニッツに対する真の弁明の書であるとカント自ら反論を行なったことに見られるように、すでにカントの存命中から、両者の関係は綿密な検討を要する哲学上の重要なテーマであったからである。新しいというのは、19 世紀後半における非ユークリッド幾何学の成立、20 世紀初頭におけるアインシュタインの相対性理論や量子力学の成立、20 世紀後半における生命科学の飛躍的発展、さらには近年における脳科学の進展など、諸々の学問分野において時代を画する大きなできごとが出来するたびに、ライプニッツとカントの関係が改めて問われてきたし、今も問われているからである。

　ライプニッツとカントの関係は、このように古くて新しいテーマであるが、新旧いずれの観点から見ても、もっとも問題となるのは両者の空間論であろう。関係説的空間論から出発しながら、一転して絶対空間の実在性を主張する『方位論文』を経て、直観形式としての空間という思想に至るカント空間論の歩みの途上に、ライプニッツ空間論がどのように絡んでいるのかを究明しようとすれば、そこには予想以上に錯綜した事態が潜んでいることが判明する。本共同討議の提題者の一人である植村恒一郎氏は、『方位論文』に焦点を当て、ライプニッツの位置解析論の検討を踏まえた上で、『方位論文』におけるカントの空間論が、ニュートンの絶対空間の擁護といった教科書的理解をはるかに超えた奥深い含蓄を有するものであることを論明している。また、もう一人の提題者である稲岡大志氏は、主にライプニッツ空間論をテーマとして、ライプニッツの位置解析論が、非ユークリッド幾何学を含む複数の幾何学の存在と整合的であることの論証を中心としつつ、ライプニッツの言う「抽象的空間」が人間精神にアプリオリに備わる形式として解釈できる可能性を示唆することによって、カント空間論への繋がりを展望している。両氏の論は、期せずしてともにライプニッツの位置解析論の検討を通じて、ライプニッツとカント双方の空間論に対する解釈の新しい地平を切り開いているように思われる。

（執筆：犬竹正幸）

〈共同討議Ⅱ「空間論から見たライプニッツとカント」〉

ライプニッツ的空間はいかにして構成されるか？
―― クラーク宛第 5 書簡 104 節における
「抽象的空間」をめぐって――

稲岡　大志

0

　本稿では，主に最晩年のクラークとの往復書簡で，事物の入れ物としての空間の存在を無条件に認めるニュートンの絶対空間説と対比させるかたちで披露される，事物が互いに可能的に持ちうる位置関係が空間の構造を決定するとされる関係空間説と呼ばれるライプニッツの空間説は複数の空間を許容するかという問いを考察することで，彼の空間説が持つ，これまであまり注目を集めていない側面を浮かび上がらせてみたい。まず「永遠真理の条件性」に触れ，本稿の問題設定の正当性を確認した後，上の問いに対する肯定と否定の解釈を検討する。その上で，クラーク宛第 5 書簡における空間概念の規定の微細な変化に着目し，人間精神が空間の観念を構成するプロセスにおいて，空間の構造を確定させる役割を持つ「抽象的空間」を読み込む余地があることを示す。これにより，上の問いに肯定的に答えたい。

1　永遠真理の条件

　まず，1705 年に書かれたジョン・ロックの経験主義の哲学との全面

対決の書である『人間知性新論』第4部第11章において，テオフィル（ライプニッツの代弁者）が「これこれのものが措定されるならば，かくかくである」という意味で永遠真理は条件的なものであると述べていることに注目したい（A.VI, 6, 446-7）。永遠真理が「条件的」であることとそれが必然的であることとは整合するようには考えられないため，この発言を文字通り受け取ることは難しいように思われる。ではこの発言はどのように解釈されるべきなのか[1]。

　ここで三角形を例に挙げるテオフィルは，永遠真理は，三角形が存在するならばそれは一定の性質を持つ，と三角形の存在を措定した上で三角形についての真理を主張するという意味で条件的であると述べているように思われる。したがって，『新論』がロック的経験主義の哲学との対決の書であるとしても，以下のように真なる観念や永遠真理をめぐるデカルトとライプニッツとの見解の相違をこの箇所に見て取ることは不可能ではないだろう。この読み方にしたがうと，たとえばデカルトが『第五省察』において提示した，私が三角形の観念を想像するとき，私の意識の外に実際に三角形が存在しないとしても，三角形が特定の性質を持つことは否定されないという，明晰判明に知覚された観念は真なる観念であるとするいわゆる「明証性の規則」と，それに対するライプニッツの批判を際立たせることができる。真なる観念の基準として認識の明晰判明性を捉えるデカルトをライプニッツはたびたび批判しているが，この対比が『新論』にも読み込めるように思われる。また，デカルトは，1630年4月15日のメルセンヌ宛書簡で永遠真理は神の意志によって創造された，すなわち，神は人間精神が永遠真理を受け入れるように構成したという，いわゆる「永遠真理創造説」を主張するが，1714年の『モナドロジー』43, 46節でも示されているように，ライプニッツはこの説にも反対し，神の意志ですらも論理法則に反するようなことはできず，したがって，論理法則から導出される数学的真理を改変する余地もまた神の意志には認められないと考える。しかし，永遠真理の領域は神の知性であるとするライプニッツが，永遠真理は三角形の存在を措定した上での帰結を述べるものであると考えるのは一連のデカル

---

1) ライプニッツが永遠真理について述べる資料は多いが，条件性への言及があるものは筆者の知る限りこの箇所のみである。

ト批判と整合的でないようにも思われる。なぜなら，神の意志による永遠真理の領域の改変可能性を認めない以上，ライプニッツにとってはそのような存在措定もまた不要であるはずだからである。したがって，テオフィルの発言をより精確に理解するためにはこうしたデカルト批判を念頭に置きつつも，参照枠をさらに広げる必要がある。

2　下位の準則と十分な理由の原理

　先行研究においてライプニッツの空間説は複数の空間を許容可能かという問題は多くの議論を集めているわけではないが，空間や幾何学の複数性を問うこと自体に否定的な解釈として三点挙げておきたい。まず，ライプニッツは，絶対空間説を批判する論証の一つとして，図形の相似性は複数の図形を同時に表象することでのみ認識可能であることから，一方は他方のサイズを二倍にした一対の寺院があり，これらを別個に単独で観察する場合では両者を識別することはできないという思考実験に依拠するが（GM.V, 154），この議論は，議論対象となる空間が3次元ユークリッド空間である場合のみ妥当である（Nerlich [1991]）。なぜなら，非ユークリッド空間においては，寺院を構成するパーツのサイズを二倍にすることで，パーツ間の繋がり（角度）が変化し，全体としての寺院はもとの寺院とは異なる形を見せるためである。したがって，絶対空間説に反対する論証においてライプニッツは，3次元ユークリッド空間を議論対象の空間として暗黙の内に想定していると考えられる（Khamara [2006 10, 29, 35, 72]）。また，1710年の『弁神論』351節では，空間の次元が3次元であることは必然的であるとされる（GP. VI, 323）。さらに，矛盾律と同一律のみから数学は展開可能と考えていたライプニッツがいわゆる平行線公理の証明を試みていたことや（De Risi [2016]），二点間の最短距離とする直線の定義が妥当であることを示そうとしていたこと（GM.V, 209, C.551-2）もまた，ライプニッツが3次元ユークリッド空間を想定していたことの証拠と見なすことができる。すなわち，空間が3次元曲率ゼロという性質を持つことが論理的に証明可能であるべきならば，他空間の可能性は排除される。これらの

論拠はライプニッツの空間説に空間や幾何学の複数性を読み込む課題の無益さを示すように思われる。

しかし，ライプニッツ自身が暗黙のうちに3次元ユークリッド空間でのみ妥当する議論を構築していたことは，ライプニッツ哲学にユークリッド空間以外の空間を認めることができないことを含意しない。実際，絶対空間説への批判には複数のヴァージョンがあり（Khamara [2006 83-6]），特定の空間のみに妥当する議論が阻却されたとしても絶対空間説批判自体が却下されたことにはならない。仮に現実空間が異なる構造を持つならば，ライプニッツはその空間に応じた議論を行っていたはずである。これより，本稿の問題設定の正当性は示されたと思われる。以下では空間の複数性に関する数少ない解釈である，1978年の国際会議での発表に基づくレッシャーとベラヴァルの論文を検討し，そこから発展可能な論点を取り出したい（Rescher [2013]，Belaval [1979]）。

まず，レッシャーの主張は以下のように整理できる。ライプニッツの「空間」は事物による共存在の秩序であり，そうした秩序は世界相対的なものである。したがって，「空間」概念が適用される項目（item）は可能世界ごとに異なるため，可能世界ごとに空間は異なる。空間が異なれば空間について妥当する法則も異なる。ゆえに，空間についての法則も世界相対的なものとなり，ライプニッツの幾何学的真理は偶然的真理であると考えられる。この解釈は数学的真理を必然的真理に含めるライプニッツの公式見解と整合しない。可能世界に対する量化によって真理の様相を定義する現代の可能世界意味論のような特徴付けをライプニッツが明示的に与えているわけではないが，幾何学と空間の特徴付けは神の意志と知性と世界創造の関係，真理の様相の特徴付けといったライプニッツ哲学の根幹を成す論点とも関わるため，レッシャーの解釈は検討に値する。「幾何学」について議論する際，それが数学の一分野としての幾何学を指すのか，あるいは現実世界の物理空間を特徴づける幾何学を指すのか，慎重になる必要がある。レッシャー自身は，「われわれのこの現実世界の空間的構造を特徴づける真の幾何学」（Rescher [2013 19]）と断っていることから，後者の意味での幾何学を念頭に置いていると考えられる。後者の意味での幾何学は実質的には物理学に近い。後に触れるように，後期のライプニッツが主張する「事物の共存在する秩

序」としての空間というテーゼが意味しているのは，事物が他の事物に対して取りうる可能的位置関係が空間を定めるということである。言い換えれば，空間の性質は事物相互の位置関係，より正確には，事物相互の距離関係によって決まると考えていた（De Risi［2016 42-5］）。ところが，事物の配置のみでは空間を一意に定めるのに十分な性質は得られない。実際，後に触れるクラーク宛書簡での空間構成の議論のように，事物の取りうる位置関係を反事実的想定により網羅するとしても，定まるのは，点 A が点 B の上下左右のいずれかに位置するという程度の相対的な方位関係でしかなく，空間の性質を引き出すのに必要な距離関係は天下り的に与えるほかない。したがって，事物の位置関係が世界相対的であることを根拠に，可能世界ごとに異なる空間の存在を導出し，さらには複数の幾何学の可能性をライプニッツに帰属させるレッシャーの解釈は適切なものであるとは言えない。すなわち，配置された事物だけからは空間の構造を一意に決めることはできない。このことは，言い換えると，空間の構造を確定させる要素は事物には存しないことを意味している[2]。

　次に，レッシャーとは反対に，ライプニッツにユークリッド空間以外の空間を帰することに否定的なベラヴァルの解釈を検討する。ベラヴァルは，事物の位置関係と空間の性質との関係を 1686 年の『形而上学叙説』7，16 節において言及される「下位の準則」を引き合いに出して理解する（Belaval［1979 173-4］）。神の奇跡は一見すると自然法則を指す下位の準則（A.VI, 4, 1538, 1556）に反するように見える。しかし，奇跡は下位の準則より上位にある「一般的秩序」には適合する。「一般的秩序」が具体的に何を意味しているのかは明確ではない。しかし，神がそれに服するという意味では，論理法則ないしそれに類するものとして理解してよいだろう。神がある特定の法則を下位の準則として採用する

　　2）　1695 年の『人間の自由と悪の起源についての対話』においては，世界に悪が存在することが神ではなく被造物に帰せられるものであるという論点が，共約可能線分と共約不可能線分をそれぞれ善と悪に対比させる仕方で論じられ，どちらも神の意志ではなく被造物の性質に由来し，神は共約不可能線分を作らないことは可能であったとする（A.II,3,17）。その際，図形や連続量自体を創造せずに，数や離散量のみを創造することで，それが可能であるとされる。後に触れるように，幾何学的対象の性質を被造物に由来するものとする点は，幾何学的真理に関する条件性と関連している。

のは習慣でしかなく，別の法則を採用する理由があれば，神は下位の準則を変更することもできるとライプニッツは主張する。幾何学を含む数学は論理法則としての同一律と矛盾律のみから演繹することができるが，自然学を導出するためには十分な理由の原理が必要である。ベラヴァルは，空間の構造と自然法則は相互に独立であり，後者が可能世界ごとに異なる可能性があるとしても，前者に同様のことは言えないとして，論理学から展開される幾何学の複数性を認めないが，論理法則と十分な理由の原理との関係を一般的秩序と下位の準則との関係になぞらえることで，実は，物理的空間が十分な理由の原理次第によってその構造が変わり得る余地を見出している。確かに自然法則が現実世界とは異なる法則であるとしても，空間そのものの構造までもが異なることにはならない。しかし，異なる世界で異なる十分な理由の原理を神が意思するとしても，それは一般的秩序には合致するものであり，ここから，現実世界とは異なる構造を持つ空間の可能性が一般的秩序に反しないものとして認められるのである。ライプニッツ自身は空間が3次元であることや均一であることは論理法則から導出可能であると考えていたが，先に指摘したように，事物の位置関係のみでは距離関係は定まらないため，別立てで与える必要がある。こうした事物とは独立に与えられるべき要素に下位の準則に類する地位を認めることが可能であるとするならば，ベラヴァルの議論を，ベラヴァル自身の意図はともかく，他空間可能性を支持するものとして展開させることができる。

　確かに『叙説』において，ライプニッツは，現実世界のローカルルールとしての下位の準則は神によって変更可能であると考えていた。『叙説』での下位の準則はあくまでも自然法則であり，クラーク宛第2書簡で言及される，自然学を導くために必要な形而上学的原理としての十分な理由の原理とは同一視できない。しかし，物理空間の構造を決定するためには論理法則だけでは十分ではなく，他の何かに訴える必要があるという点では変わらない。ライプニッツ自身はそうした付加的な役割を担う原理の候補として複数の原理が想定できるとは明示していない。むしろ，そうした原理に関しても，可能性としては複数の候補があり得るとしても，実際には特定の空間構成の原理が天下り的に与えられると考えていたように思われる。

では，ここからライプニッツの議論に幾何学や空間の複数性を帰する可能性までもが否定されたと言えるのだろうか。確かに，物理空間の探究の科学としての幾何学の複数性をライプニッツは明示しては認めない。しかし，空間は事物の可能的な位置関係によって決まるというライプニッツの関係空間説は，より精確には，空間は事物の可能的な関係と形而上学的原理によって決まると述べ直されなくてはならない。実際，『叙説』21節やクラーク宛第2書簡でも，ライプニッツは自然学ないし力学を導出するためには形而上学が必要であると表明している。すなわち，世界の空間的構造を決める要素には可変的な要素が含まれると考えられるのである。したがって，空間の複数性の問いに解答を与えるためには，空間の構造を確定させる役割を持つ原理について踏み込んで検討しなければならない。次節以降では，クラークとの往復書簡においてこの原理が物理的空間でもなく数学的空間でもない第三の空間として認められることを示したい。

3　クラークとの往復書簡における空間構成論

　ライプニッツの関係空間説が披露される1715-6年のクラークとの往復書簡では，人間精神はいかにして空間の観念を形成するかが問われる。クラーク宛第3書簡4節では，空間とは同時存在する事物の秩序が可能的に示すものとされ，私たちは複数の事物を同時に見ることで事物相互の秩序に気付くとされる（GP.VII, 363）。さらに，第4書簡41節において，物体から独立に空間が存在すると考える絶対空間説に対して，空間は特定の物体が占める特定の位置には依存しないが，秩序（ordre）によって物体が位置を持つことが可能となると答える（GP.VII, 376）。クラークから秩序なる語の意味を問われて，第5書簡47節でライプニッツは物体の共存在の秩序としての空間というアイデアの敷衍を試みる。

　　人々はいくつもの事物が同時に現実存在していることを考え，そこに共存の一定の秩序，それにしたがって諸事物間の関係がかなり単

純であったりさほど単純でなかったりするような秩序を見出します。これが諸事物の位置ないし距離なのです。これら共存する事物の一つが他の多くの事物に対するこの関係を変え，この多くの事物の方は相互に関係を変えずにいて，そこに新しい事物が来て，最初のものが他の多くの事物に対して持っていた関係に立つということが起こるとき，この新しい事物は，最初のものがあった場所へ来たと言われ，この変化は運動と呼ばれ，当の運動は変化の直接的原因であるものの内にあると言われます。(GP.VII, 400 強調原文)

ある事物が他の事物に対して取る関係から，場所（place）が定められる。現実の事物だけではなく，ある事物の場所とある事物の場所を想像上で交換するという反事実的仮想によって事物の場所が得られる。かくして，空間とは「すべての場所を含むもの」とされる（GP.VII, 400）。ここで，位置と場所は同義であるとみなしてよい。また，104節では，空間とは事物同士が可能的に取る位置の秩序であることが確認され，空間の抽象性ないし観念性が強調される（GP.VII, 415）。

このように，ライプニッツとクラークの対立点は絶対空間説と関係空間説との対立と捉えることができるが，この書簡で議論される論点は多様であり，その一つに，十分な理由の原理がある。より正確に述べると，両者の対立は十分な理由の原理を認めるかどうかではなく，十分な理由の原理の適用範囲をどう捉えるか，である（Yakira [2012]）。クラーク宛第2書簡においてライプニッツは，数学の基礎は矛盾律と同一律であり，数学から自然学へ進むためには論理法則に加えて十分な理由の原理が必要であるとする（GP.VII, 355）。これに対してクラークはライプニッツへの第2書簡で，十分な理由の原理を想定すること自体は認めつつも，それが神の意志に等しいとする（GP.VII, 359）。もちろん，人間精神による空間観念の形成プロセスに神の意志が介在することは機会原因論を批判するライプニッツにとっては受け入れがたい。十分な理由の原理を神の意志と等値することの是非は，デカルト的主意主義に対する批判を思わせるものである。

自然学を展開するために必要な十分な理由の原理は前節で触れた下位の準則と関連付けることができる。どちらも自然法則を決定する原理

とされているからである。『叙説』7節では下位の準則は神の習慣とされ、恣意性を持つ点が強調されているが、これ以降に書かれたベールへのコメント（GP.VI, 533）や『自然そのものについて』（GP.IV, 507）などでは、神は被造物をつくる際に自然法則のような規則性を本性として持つように被造物を創造したとされている（ブラウン [2014 26-32]）。空間の場合は、十分な理由の原理は単純性の原理や最善の原理として空間の構造を決める。したがって、神が被造物を創造する際に、現実世界の被造物とは異なる規則性を本性として持つように創造するならば、被造物の共存在の秩序として構成される空間が現実世界の空間とは異なるものとなる可能性は認めてもよいのである。さらに、次節で示すように、神による世界創造という観点から捉えられた他空間可能性に対応する論点は、空間論の観点からは他ならぬ本節で触れたクラークとの往復書簡において、物理的空間とも数学的空間とも区別され、物理的空間の構造を決定する役割を持つ第三の空間として、読み取ることができるのである。

4　第三の空間としての抽象的空間

　空間とは物体が相互に取る位置関係であるというライプニッツの関係空間説に対して、クラークは、ライプニッツへの第4書簡41節でさらなる説明を求める。これに対し、ライプニッツはクラーク宛第5書簡104節で、人間精神は空間の観念を形成するために「実在的で絶対的な存在」を必要としないと答える。

> 私は空間が秩序ないし位置だと言っているのではなく、位置の秩序だと言っているのであり、この秩序にしたがって位置が整頓されるのです。そして、抽象的空間（l'espace abstrait）は、可能と考えられたこの位置の秩序だと私は言っているのです。（GP.VII, 415 強調引用者）

　前節で引いた同書簡47節では、事物同士の秩序が位置とみなされ、

空間は「すべての場所を含むもの」とされていたが，ここでは事物同士が可能的に取り得る位置関係が抽象的空間としての秩序によって整頓されたものが空間であると言われている．すなわち，位置と秩序が同等視された 47 節の議論が 104 節で修正された上に，空間概念の定義も，要素としての場所の集まりから，場所に秩序が入ったものへとシフトし，47 節では見られない「抽象的空間」が位置に秩序を与えるものとして言及されるのである．空間が「位置の秩序」であるとは，既にクラーク宛第 4 書簡 41 節で「物体が位置を取り得るようにするのはこの秩序である」とされているように，物体同士の位置関係を固定するものとして秩序ないし空間が考えられていることを意味する．配置された事物のみでは空間を一意に決定することはできず，空間の構成要素同士に成り立つ量的関係を与える計量が必要であるが，ここでの「抽象的空間」こそがその役割を担っていると考えることができる．この空間が，最終的に人間精神が構成する観念的空間と同一なものかどうか，ライプニッツははっきりさせていない．確かに，観念的空間は抽象的でもあり，したがって，ここでの抽象的空間を観念的空間とみなすことはできる．しかし，47 節では「場所の集まり」とされた空間が 104 節では「位置の秩序」とされており，前者にはない「秩序」を担う要素が付加されていることは明らかである．こうした秩序を持ち，空間を固定する役割を持つものとして「抽象的空間」を捉えることは，少なくとも第 5 書簡の議論の推移には沿っている．

　ライプニッツがクラーク宛書簡全体において「抽象的空間」というフレーズを用いるのはこの箇所のみである．続く書簡でライプニッツがこの「抽象的空間」についてさらに踏み込んだ記述を残しているわけではない．したがって，この一箇所だけを論拠として，ライプニッツがこうした第三の空間を明示的に認めていたと断定することはできないという反論が想定できる．また，ライプニッツは以前から空間を同時に存在するものの秩序と捉えており（A.VI, 4, 1641, C.11-14, CG.276, GM.II, 17 など），抽象的空間という名称は用いられていないとしても，秩序を持ってこそ空間が構成されるという論点は第 5 書簡 104 節に初めて姿を現す発想ではない，むしろ，47 節は本来の議論が省略されているものと

考えるべきではないか，という反論が想定できる[3]。

　これらの想定反論に対しては以下のように答えることができる。まず，ライプニッツ自身が空間を同時に存在する事物の秩序と捉えていたことは確かである。しかし，他方で，位置解析関連の資料では，空間を点の集合とする定義は最晩年まで見られる（De Risi［2007 588, 616］）。ライプニッツが位置解析における空間が3次元ユークリッド空間であると論理的に証明することを継続して試みていたことも考慮すると，このことは数学的空間と物理的空間の違いを示している。しかし，クラークとの往復書簡よりも以前の時期から，ライプニッツは数学的に証明されるべき特定の性質を有する空間の観念を人間精神がいかにして構成するか，という空間観念の構成プロセスに関する記述において「共存在の秩序」という空間定義を提示するが，「秩序」それ自体が空間の構成プロセスにおいていかなる役割を果すのかという点までに考察は及んでいないことも確かである。ライプニッツがある時期から空間を共存在の秩序と捉えているからといって，そうした秩序を持つ空間がいかにして人間精神によって認識ないし構成されるのかに関する見解までも保持しているとは限らない。実際，この書簡が書かれる直前の1716年7月2日のブルゲ宛書簡では，クラークの絶対空間説を否定する議論が展開されるが（GP.III, 595），位置と秩序の関係まで述べられているわけではない。すなわち，クラークからの反論に答えることによってライプニッツから位置に秩序を与える抽象的空間という新たな着想が初めて引き出された可能性が高いと予想することができるのである。

　実際，「抽象的空間」と名指しされた空間が事物の位置関係の集まりに構造を与えるという，人間精神における秩序形成のプロセスを読み込むことはライプニッツにとっては不整合ではない。たとえば，クラーク宛書簡以外でもライプニッツが物理的空間を可能にする「抽象的空間」に相当する要素を暗黙のうちに想定していたことは，『新論』第2部第

　3）　第5書簡47節と104節の違いについて，ヴァイラティは両者で空間の規定が異なることを指摘し，両者の整合性を問題視する（Vailati［1997 116］）。アーサーは104節の記述は47節を簡潔にしただけと捉える（Arthur［2013 524］）。デ・リジはライプニッツの空間定義は位置の秩序という定義と1715年の『数学の形而上学的基礎』で登場する「すべての場所を含む場所」（GM.VII,21）とする定義の間で揺れていたとするも，両者は一致すると捉える（De Risi［2007 560-1］）。

4章5節でのテオフィルの発言からもうかがえる。

> 物体はそれ自身の延長を持ちうるでしょうが，だからといって，その延長が常に同一の空間へと決定されているとか，それと等しいということにはなりません。けれども，物体を捉えるときは確かに何か空間以上のものを捉えるとはいえ，空間の延長と物体の延長という二つの領域があるということにはならないのです。（A.VI, 6, 127 強調引用者）

続けてテオフィルは，延長は延長体から抽象されたものでしかないため，抽象的延長と具体的延長という二種類の延長を想定することは誤りであると指摘する。抽象とは具体的に存在する延長体としての事物の特徴を捨象し，空間の構成要素としての点のみを捉える作用を意味している。こうして抽象された空間が人間精神によって形成された空間の観念でもあるということは，抽象作用は人間精神に帰されるべきものであることでもある。テオフィルは複数の事物のみでは空間を一つに決定することはできないと述べるが，未確定の空間を独立した存在とみなすこともできない。それは，抽象的なものによって具体的なものになるものである。すなわち，抽象的なものが具体的な事物の位置関係を固定することで，空間が構成されるのである。

また，抽象的空間の想定は，非延長体である点がいかにして延長体を構成するのかという連続体合成の問題とも脈絡を持つ。ライプニッツは，観念的には点は延長体に先立つが，現実的には延長体が点に先立つ，というように，前後関係を二つに分けるという解答を初期に提示する。しかし，この解決は，いかにして点が延長体を構成するのか，という連続体合成の問題自体を消去してしまう解決でもある。たとえば，1709年7月31日のデ・ボス宛書簡では，観念的には空間は前もって与えられており，モナドの可能的配置によって現実化される，と述べられる（GP.II, 379）。「共存することの秩序」としての空間は，現実的にはモナドの集合から帰結するものであるとしても，観念的にモナドに先立つ。しかし，いかにして先立つのか，ライプニッツは明言していな

い[4]。1713年1月24日のデ・ボス宛書簡の補遺では三つの事物の知覚が空間と延長を生むことが述べられている（GP.II, 473）。すなわち，現実的に空間に先立つ事物を人間精神が表象することで延長と空間が表象される。位置を持つこと以外の性質が捨象された事物は点として空間を構成する。ここで延長が可能となる条件として，「共通の共存在の秩序」が言及されるが，『新論』やデ・ボス宛書簡では，空間観念の構成プロセスの一つとして，構成要素に秩序を与えるというステップが少しずつ明示的になり，クラーク宛書簡第5書簡104節において，秩序を付与するものが抽象的空間として概念化されるに至るとライプニッツの思考の道筋を描くこともできるように思われる[5]。2節で述べたように，自然法則を司る下位の準則をライプニッツは被造物に与える性質として捉えるが，同様の枠組みが空間観念の構成に関しても認められるのであれば，さらに，本節で指摘した抽象的空間が一意に定まるものではないとするならば，ライプニッツの空間説に非ユークリッド空間を許容する余地を見出すことは可能であろう。

5　永遠真理創造説から超越論的感性論へ

最後に冒頭で触れた永遠真理の条件性に戻る。三角形の性質は三角形を単独で考察しても確定できず，三角形がその部分であるところの空間の性質に依拠している。したがって，三角形の存在措定とは，三角形を含む空間の存在措定でもある。空間は事物が相互に持つ可能的位置関係に秩序としての構造が入ったものであるが，こうした秩序は神が創造し

---

　　[4]　ライプニッツが連続体合成の問題を解消することでこうした形成過程の説明を脱落させてしまっているという点については，池田もまた実体的紐帯を例に取り強調する（池田[2015 25-6]）。

　　[5]　この点についても以下のような反論が想定できる。すなわち，ライプニッツは初期から人間精神による空間や延長の表象についての考察を進めており，したがって，空間観念の構成プロセスの解明という主題は最晩年になって登場したものではないという反論である。しかし，事物の同時表象により延長や空間が認識されるという議論は初期から登場するが（CG.228,A.VI,4,565 など），位置と秩序に関する考察はない。この点に関しては今後広範な一次資料の調査が必要であるが，位置と秩序の関連が主題化されるのは後期に入ってからではないかとの見通しを筆者は持っている。

た被造物の性質に由来するものと考えられる。かくして永遠真理の条件性とは，少なくとも幾何学的真理に関しては，神が現実世界を創造する際に被造物に特定の性質を与えることを条件とした上で，構成される空間において成り立つ性質を述べるもの，ということを意味する。これはデカルトの永遠真理創造説を思わせる。事物の可能的位置関係に秩序を与えて空間の構造を決定する抽象的空間が，人間精神に備わったものなのか，あるいは，人間精神からは独立したものなのかはクラーク宛書簡では明確にされていない。しかし，人間精神によって表象された事物の位置関係に秩序を与える抽象的空間は，その意味ではカントの超越論的感性論でのア・プリオリな感性の直観形式を思わせる。カント自身は『純粋理性批判』において，形式は事物に先立ち，事物の可能性を規定すると称することに耐えることができなかったとライプニッツを批判する（A267 = B323）。確かに，ライプニッツ自身が，形式による質料の規定という図式を明示していたわけではないが，自覚的にこの図式に抵抗していたわけでもない。むしろ，空間観念を構成する形式を形式として取り出し，「抽象的空間」として概念化するに至る，とライプニッツ空間説の到達点を見据えることができるようにも思われる。クラークとの議論に並行して位置解析の草稿を書き続けたライプニッツが，死を間近に控えつつも，人間精神による空間構成のプロセスを解明する課題の到達点の一つを自覚したということはあり得ないことではないだろう。そして，こうした着想の前兆を遡って認めることができるかどうかは今後検討されるべき問題であるが，仮に肯定的に答えることができるのであれば，デカルトの永遠真理創造説からカントの超越論的感性論に至る系譜に，すなわち，人間精神によって認識される空間の形式を確定させる要素が神の意志から人間がア・プリオリに有する形式へと移行する途上の段階にライプニッツの空間説を位置付けることは不可能ではないように思われる。

※本稿は JSPS 科研費（15K02002）の助成を受けています。

文　献

　ライプニッツの引用表記は慣例に従っている。邦訳があるものについては『ライプニッツ著作集』第Ⅰ期，全 10 巻，工作舎，1988-99 年を参照した。

Arthur. Richard. T. W. , "Leibniz's Theory of Space" , *Foundations of Science*, vol.18, 2013, pp.499-528.
Belaval. Yvon, "Note Sur la pluralité des espaces possibles d'après la philosophie de Leibniz", *Perspektiven der Philosophie*, vol.4, 1978, pp.9-19.
De Risi. Vincenzo, *Geometry and Monadology : Leibniz's Analysis Situs and Philosophy of Space*, Birkhäuser, 2007.
―――, *Leibniz on the Parallel Postulate and the Foundations of Geometry: The Unpublished Manuscripts*, Birkhäuser, 2016.
Khamara. E.J., *Space, Time, and Theology in the Leibniz-Newton Controversy*, Ontos Verlag, 2006.
Nerlich. Graham, "How Euclidean Geometry has misled Metaphysics", *Journal of Philosophy*, vol.88, no.4, 1991, pp.169-89.
Rescher. Nicholas, *On Leibniz: Expanded Edition* , University of Pittsburgh Press, 2013.
Vailati. Ezio, *Leibniz and Clarke: A Study of Their Correspondence*, Oxford University Press, 1998.
Yakira. Elhanan, "Time and Space, Science and Philosophy in the Leibniz-Clarke Correspondence", *Studia Leibnitiana*, vol.44, no. 1, 2012, pp.14-32.
池田真治，「連続体におけるモナドの位置の問題：後期ライプニッツにおける数学と形而上学の関係」，『アルケー』，23 号，関西哲学会，2015 年，14-28 頁。
グレゴリー・ブラウン，「ライプニッツの真空の可能性論」，枝村祥平訳，『ライプニッツ研究』，3 号，日本ライプニッツ協会，2014 年，1-43 頁。

〈共同討議Ⅱ「空間論から見たライプニッツとカント」〉

「位置解析」の前に立つカント
―― 『方位論文』の切り拓いたもの ――

植村 恒一郎

はじめに

　1768年のカントの論考『空間における方位の区別の第一根拠について』（以下『方位論文』と略）は，冒頭にライプニッツの名と彼の「位置解析」についての言及があり[1]，自分はライプニッツの「位置解析」の発想に刺激を受けたので，さらに考えてみたいと述べている。カントはさらにオイラーの名も挙げているが，オイラーは1736年に「ケーニッヒスベルクの橋の問題」を解いた論考で（1741年発表），ライプニッツを参照しつつ「位置解析」を発展させ，今日「位相幾何学（トポロジー）」と呼ばれる数学の分野を創始した人である。カントはオイラーの時間・空間についての論文（1748年）を読み，大いに啓発されたが，それに満足できなかったので，この「方位論文」を書いた。「位置解析」のアイデアを発展させて位相幾何学を創始したのが数学者オイラーであるのに対して，哲学者カントと「位置解析」との関係は複雑である。晩年のライプニッツが「位置解析」において想定した空間，すなわち「質」のみによって規定される「根源的空間」のあり方を，結果としてカントは「方位」という形で受け継いだが，その議論には「絶対空間」というニュートンを思わせる用語が挟まっていて主旨が分かりにくいからであ

---

[1] アカデミー版第2巻377頁，邦訳317頁。

る。ライプニッツの「位置解析」について画期的な研究をしたデ・リージは，晩年のライプニッツは実体界（＝モナド界）と現象界を区別する方向にあり，そうしたライプニッツを受け継いだのがカントの「超越論的観念論」であると述べている[2]。本稿は，デ・リージの解釈も参考にしつつ，カントの『方位論文』がライプニッツの「位置解析」とどのような関係にあり，またライプニッツとカントでは，空間理解のどこが異なるのかを考察したい。

1. ライプニッツの「位置解析」

「位置解析」は，デ・リージの『幾何学とモナドロジー』（2007）刊行の時点で，ライプニッツの多くの手稿がまだ活字化されておらず，全貌は解明されていない[3]。カントが『方位論文』の時点で，「位置解析」をどの程度知っていたかは分からないが，「位置解析」は生前のライプニッツが特に力を入れた課題で，オイラーも論文を発表しているので，ユークリッド幾何学をさらに根底から基礎づける数学的空間論であることは，当時から理解されていたであろう。以下，カントの『方位論文』の意義を明らかにするのに必要な限りで，「位置解析」について簡単に見ることにしたい。まず「位置 situs」とは何なのだろうか。

ライプニッツは，1697年9月8日のホイヘンス宛書簡で，こう書いている。「代数学が量（magnitudo）を扱うのに対して，直接に幾何学的な位置（situs）を扱う解析学のもう一つの分科が必要であろう」[4]。またライプニッツは，ユークリッドの『原論』は不十分だとして，その公理をすべて自分で証明しようとした晩年の興味深い論考「ユークリッドの基礎について」（1712？）を書いた。そこでは，「点とは部分のないものである」というユークリッドの「点」の定義に対して次の註釈が付加される。「位置を持つ（situm habens）と付け加えられるべきである。そ

---

2) Vincenzo De Risi : *Geometry and Monadology — Leibniz's Analysis Situs and Philosophy of Space,* (2007, Birkhaeuser) pp. xvi-xvii.
3) Vincenzo De Risi : *Ibid.* p. xi.
4) 寺坂英孝・静間良次『19世紀の数学 幾何学Ⅱ』（1982, 共立出版, 76頁）。

うでなければ，瞬間や霊魂が点となってしまう」5)。「位置 situs」は「量」や「大きさ」とは異なる重要な概念で，幾何学の「図形」や「形」を考える際に，最も基礎になる規定である。ライプニッツは，論考「真の幾何学的解析」(1698)でこう述べている。「大きさと位置とは別種の考察対象であることを知らなくてはならない。大きさは，例えば，数，比，時間，速度のように位置を持たないものにも与えられ，そこではむろん至る所に部分が存在し，それら部分の数すなわち反復によって，その大きさが判定されうる。…ところが位置は，例えば図形数 [＝「∴」のような幾何学的に並べられた点によって表示された数] に見られるように，大きさないし部分の多さにある形相を付加する」6)。つまり，「∴」を図形として見れば，3つの点相互の間に一定の大きさ（距離）があり，その大きさは2倍にも3倍にもできるが，しかし「∴」をある形つまり図形にしているのは，大きさではなく，3つの点がそれぞれ，そのような相互の関係をもつ位置にあるという事実である。このような「位置」こそ，「形」を扱う幾何学の最も基礎となる規定である。

　我々は，「形」について気軽に語るが，そもそも「形」とは何だろうか。どのようなものが，「同じ形」あるいは「違う形」なのだろうか。コンパスで直径10センチの円を2つ書けば，2つは「合同」だから「同じ形」と見なされる。では，直径10センチと5センチの円を書いたらどうか。2つは「大きさは違うが同じ形だ」と言うだろう。円，正方形，正三角形などは，どのような大きさでも，それぞれが互いに「相似」なので，「同じ形」である。しかし長方形は，細長いのもそうでないのもあるので，多くの「違う形」の長方形がある。つまり正方形と長方形では，「同じ形」の定義が異なっている。円，正方形，正三角形などは，それぞれすべてが「同じ形」だが，長方形はそうでない。とすれば，幾何学における「形」はどのように定義されるべきだろうか。これが「位置解析」の主題であり，それは「相似」「合同」などを手掛かりにして行われる。二つの「相似」の図形のうち，大きい方を遠くに移動すれ

---

5) 「ユークリッドの基礎について」（三浦伸夫・原享吉訳『ライプニッツ著作集』第3巻，245頁，原文は，ゲルハルト版『数学著作集』第5巻，S.183）。

6) 「真の幾何学的解析」（三浦伸夫・原享吉訳『ライプニッツ著作集』第3巻，116～7頁，原文は，ゲルハルト版『数学著作集』第5巻，S.172）。

ば，手前の小さい方に重なって見え，また「合同」は，一方の図形を移動すれば他方に重なる。つまり，「相似」「合同」の定義には「空間の中で図形を動かす」という要素が入っている。そして「図形を動かす」とは，結局，「どう動かすのか」という問題，つまり，その空間をどういうものと考えるかに関わっている。

　ライプニッツは，論考「位置解析について」（1693）において，「相似」について正面から考察した[7]。「一般に図形は，量以外に，質ないし形を含んでいる。等しいものとは，その大きさが同じものであるように，相似なものとは，その形が同じものである。そして，相似性ないし形の考察は，数学より広い範囲に及んでいて，形而上学に属すべきものであるが，数学においてもやはり多くの適用を持つ」（邦訳49，50頁）。ここでライプニッツは，相似性や形の考察は，形而上学に属すると言っている。つまり，幾何学を基礎づける空間の考察は，もっとも根源的な知，すなわち「形而上学」なのである。

　ライプニッツは続ける。「例えば，形が同じものを相似形と言ってみても，その形というものの一般概念が欠けていては，不十分である。ところで私は，質ないし形というものの解明を企ててみて，事態は結局，個々に観察したときに区別されえないものが相似である，というところに帰着することを悟った。実際，量は，物の同時現存つまり実際に物を押し当てることによってのみ把握されるが，質は，あなたが物の中に個々に認め，しかも二つの物の比較にも適用しうる何ものかを心に提示する」（邦訳50頁）。つまり「量」には，一方を他方に「押し当てて」比較する同時性が必要だが，「質」はそうではない。まずAを見て，次に別の場所に行ってBを見た場合でも，すなわち，同時ではなく「個々別々に」見た場合でも，AとBは「同じ形である」といえる。ライプニッツはすぐ続けて，作りがまったく同じ二つの寺院に順番に案内される例を出している。「目を閉じたままこれら二つの寺院に案内され，中に入ってから目をあけた人は，ある時は一方，またある時は他方に歩を運んでも，一方を他方から区別する手掛りなど，まったく見出すことはないであろう。…観察者を単に目を有する精神とみなすならば，二つの

　　7）「位置解析について」（三浦伸夫・原亨吉訳『ライプニッツ著作集』第3巻，47-55頁；原文は，ゲルハルト版『数学著作集』第5巻，S.178-83；Loemker による英訳 p.254-57）。

寺院においては何の区別も生じないであろう。よって，これらの寺院は相似であると言われる。…単独に眺めた一方のものに認められないあることが，他方にもやはり認知されない時，提示された二つの図形は相似であると私たちは言う」(邦訳50，51頁)。

ここでは，「個々に観察をしたら」「単に目を有する精神としての観察者」「単独に眺めた一方のもの」等の表現が重要である。二つのものを同時に見るのではなく，別々に見るというのである。ライプニッツは「不可識別者同一の原理」が有名だが，ここでは「識別」のプロセスが丁寧に示されている。二つのものを同時ではなく別々に見ても，違いが見出せないとき，それは「相似」すなわち「同じ形」なのである。ここで最初に言われるのが，「同じ形」の定義としての「相似」であって「合同」ではないことに注意しよう。「合同」は，「相似」という第一次的性質を基礎にして，その次に初めて言える二次的な性質である。「合同」は「相似性と相等性との結合」と定義される（邦訳49頁）。

ライプニッツにおける「位置」とは，最も根源的な空間の規定であり，空間から量を抜き去ってもなお残る空間の質的規定である。これは「デカルト座標」と比較すると分かりやすい。デカルトは「解析幾何学」を創始し，座標軸を設定することによって，幾何学的図形を代数で表現した。それによって以前は別の学問であった幾何と算術とを統一した。三次元のデカルト座標では，直交する三本の座標軸で空間が表示されているが，その座標軸には原点からの距離を示す「目盛り」があり，空間を「量」で規定している。ライプニッツの「位置解析」は，デカルト座標で表示された空間から座標軸を取り去り，質的規定である「位置」だけが残る空間において「形」を考える。カントが『方位論文』で「左右の違い」という質的な規定に，つまり「方位の区別」にまず着目できたのは，量がなく質だけがある「位置解析」のアイデアのおかげである。

ところで，「位置解析」において，「同じ形」を定義するのに，「合同」ではなく「相似」という性質的な規定，つまり，二つの視線によって別々に捉えられた対象が根底に置かれているのはなぜだろうか。「相似」は，「形」という質的規定だけだが，「合同」はそれに加えて，「同じ大きさ」という「量」規定が加わっている。「量」の違いを認識するには，

眼前に並ぶ二つの図形を同時に見なければならない。直径10センチの円と直径5センチの円が並んでいれば，二つは「相似」で，かつ大きさが違う。だが，「大きさ」ではなく「形」，つまり二つがそれぞれ「同じ形」の「円」であるという規定においては，それぞれは別個の視線によって「単独に眺められている」。それぞれの視線において，「中心から一定の距離にある点の集合」という「位置の規定」によってそのつど「円」が描かれている。したがって，たとえ10センチと5センチの二つの円が並んでいるとしても，二つをそれぞれ「円」として見る限りは，そこには二つの視線が働いている。そして，もし次に，二つの「円」を動かして重なったとすれば，二つは「同じ大きさ」の「合同」になる。これは，ライプニッツの言う「同時に押し当てる」ことであり，二本の視線はそこで重なるが，初めから一本の視線なのではなく，あくまで二本が結果として重なったのである。このような視線による分割こそが，「位置解析」における質的空間の本性である。二つの円が，二つの視線のもとに置かれるとき，それぞれは互いに，「上方」「下方」，あるいは「左側」「右側」，それに奥行きを含めるならば，「遠い」「近い」というように質的に区別され，それぞれの視線が置かれる場所は「質的な差異」を持つ。バークリの『視覚新論』からも分かるように，「位置 situs」の本来の意味は，視野における「上方，下方，右側，左側」の差異のことであった（奥行を含む「遠／近」は，バークリでは「位置」ではない）。とすれば，ライプニッツの「位置解析」から，カントの「左右という方位の区別」が出てきたのは，自然な流れと言えるだろう。

　ライプニッツが「単独に眺めた一方」「個々に観察をしたら」と述べているように，まず最初に視線があり，それが空間を移動することによって，空間に「場所」「位置」という「質的な差異」が生じる。カントは『方位論文』において，「宇宙が創造されたとき，最初に創造されたものが人間の手であるとしたら」という思考実験を提起し，「その場合でも，その手は必ず左手か右手のどちらかであるはずだ」と述べた[8]。左手と右手を，それぞれ「単独で考える」場合には，それぞれの指の長さや位置などの相互関係を記述することができる。左手について

---

8)　アカデミー版第2巻，383頁；邦訳325頁。

言える記述は，左手を鏡に映した像，すなわち右手についても同じである。だから，その手の内部構造についての記述は，左手にも右手にも当てはまり，記述によっては左手と右手は区別できない。にもかかわらず，我々がその手を「見る」ならば，たとえ片手であろうとも，それは左手か右手か区別できる。これがカントの主張であり，我々もそう考えるであろう。だが，カントの立場も盤石というわけではない。もし宇宙に片手が一つだけしか創造されておらず，それ以外に何もないならば，それを「見る」人間の眼も身体も存在しない。カントが「左手か右手かどちらかである」と言う時，その片手を見ている人間の身体を暗黙の裡に想定しているのである。我々もまた，自分の両手を眺めながら思考実験をするならば，右手も左手も中味の詰まった三次元の物体だから，どのように回転させても決して重ならない「不一致対称物」（カントの表現）と考えるであろう。だが，三次元空間では異なる左手も右手も，四次元空間では「同じ形」になるというのが，まさに位相幾何学である。ライプニッツの考えた「質的な根源的空間」は，一方ではオイラーを介して位相幾何学に発展し，他方では，「見る」を「考える」から峻別することによって空間を捉えるカントの空間論へと発展した。この両者は異なる思考の歩みであるが，それを理解するために，位相幾何学の発想を現代の教科書を参照しながら見てみよう[9]。

2. 位相幾何学（トポロジー）の発想

オイラーは1736年に，「ケーニヒスベルク市街のプレーゲル川にかかる7つの橋のすべてを，一度だけ渡って元の場所に戻れるか」という「ケーニヒスベルクの橋の問題」について，それは不可能であることを証明した[10]。いわゆる「一筆書き」の問題であるが，これが位相幾何

---

9) 参照したのは，以下である。
・寺坂英孝・静間良次『19世紀の数学 幾何学Ⅱ』（1982，共立出版）。
・竹之内脩『集合・位相』（数学講座11，1970，筑摩書房）。
・B. H. アーノルド『トポロジー入門』（赤摂也訳，1964，共立出版）。
・瀬山士郎『はじめてのトポロジー』（2010，PHPサイエンス・ワールド新書）。
10) この問題は，「ケーニヒスベルクを散歩した」カントとは関係ない。このときカン

学の発端となった。一筆書きできるということは，開始点と終点が一致し，そこで線が閉じることである。円，楕円，三角形，正千角形などは，すべて線が閉じて図形ができており，それによって空間を「内側と外側」に分けている。それに対して，「U」のような図形は閉じていないので，内側と外側を持たない。オイラーは，「線のつながり方」によって「形」を定義する新しい幾何学を創始した。「線のつながり方」の違いによって，「同じ形」と「違う形」を定義するのである。そして，面もまた，その「つながり方」や「閉じ方」は微妙で，ドーナツ形をした「トーラス」，表と裏がない「メビウスの帯」，面が閉じているのに内側と外側の区別がない「クライン管」など，ユークリッド幾何学にはなかった新しい図形の「形」が研究されるようになった。

　ライプニッツでは，円，正方形，正三角形は，それぞれがすべて「相似」の「同じ形」であった。大きい図形は遠くに置けば，近くの図形とぴったり重なって見える。「合同」も「相似」も，図形を見る視点を移動している。そこで，視点の移動をもう少し広く考えたらどうか。机の上にマジックで描いた正方形は，真上から見れば正方形だが，斜めから見れば台形に見え，視点を低くしていけば，さらに細い台形になり，やがて直線に近い形に見える。あるいは，円錐の底は円であるが，円錐の途中に斜めの切断面を想定すれば，そこはさまざまな楕円になる。ライプニッツの「相似」は大きな図形を遠くに置いて近くの図形と重ねた。その発想をさらに進めて，円形の板に点光源から光を当てて，その射影を映す平面を自在に傾ければ，さまざまな楕円の形がそこにできる。正三角形の板に同じことをすれば，すべての三角形の形が射影として生み出される。つまり，ある視点からはすべて重なって見えるという意味で「相似」だから，円とすべての楕円は「同じ形」とみなせるし，正三角形とすべての三角形も「同じ形」とみなせる。

　このような位相幾何学の考え方を，カントが問題にした左手と右手の区別に応用したらどうなるだろうか。我々は空間をデカルト座標的に捉えることに慣れている。原点で直交する x 軸，y 軸，z 軸は絶対であり，同様に，xy 平面，xz 平面，yz 平面も絶対的である。こうした基準線や

トは12歳である。

基準面でかっちり構造化された空間の中に，さまざまな図形を描いて，これとあれは「同じ／違う」と言っている。だが，座標軸や座標平面自体が，くねくねと曲がったり，ふくらんだり，歪んだ曲面になったり，ねじれたり，しわしわになったらどうだろう[11]。通常は，最初に座標空間を設定して，その中に図形を描き込むのだが，順番を逆にして，まず図形を描き，次に座標軸や座標平面を「曲げる」ことも可能である。たとえば，伸縮自在で非常に柔らかい透明なゴムで作られた，一辺30センチの立体があるとしよう。その立体の真ん中あたりに，マジックで円を描く。次に，この透明な立体をいろいろ局部的に圧縮したり引き延ばしたり，手拭のように絞ったりすれば，最初に書いた「円」の形は大きく歪んで，「見た目」には元の形とは似ても似つかぬものになる。しかしそれらは，最初の円がさまざまに歪んだものであるから，すべて「同じ形」とも言える[12]。

　カントは，「見た目で」左手と右手の区別をした。だが，位相幾何学では，左手と右手を「同じ形」にすることは何でもない。左手のうち，小指をだんだん太くして親指と同じ太さと形にし，次に，薬指との角度を変えて，親指と人差し指との角度と同じにもってゆく。そして，親指と人差し指についても，それを小指と薬指のように変形する。つまり，連続的な弾性変形によって，左手を右手に変形できるから，両者は「同じ形」なのである。カントは，神の世界創造において，まず最初に片手だけが創造されたという思考実験をしたが，神の世界創造ならば，「見た目」で形を区別するよりは，左手にも右手にもなりうる「原初の片手」という位相幾何学的な「形の創造」こそふさわしい，万能の神が，左手か右手かどちらかしか創れないはずはない，という立場もありうるだろう。ライプニッツが最も根源的な空間を「質的」なものと考えた

　11）　相対性理論を座標表示したミンコフスキー時空では，光の世界線を基準に対称を保ちながら座標軸そのものが「傾く」。これが新鮮に感じられるのは，この宇宙に，「まず」運動や光が存在し，「次に」基準である時空の座標軸が「傾く」からである。「時空そのものが曲がっている」（一般相対論）と言われて驚くのも，我々はデカルト座標で構造化された三次元ユークリッド空間に慣れているからである。

　12）　しかし，球とトーラスは位相的に同じではないので，どんなに弾性変形をしても重ならない。これらの曲面を単純閉曲線（＝円周に同相な曲線）に沿って切った場合，球は二つに分離するが，トーラスは管にはなるが一つに繋がったままである（アーノルド『トポロジー入門』35-36頁）。

「位置解析」から，一方では位相幾何学が生まれ，他方では，カントはそこから「方位」という質的区別を取り出した。その意味はどこにあるのか，それを次に考察してみよう。

3.「方位の区別」と「直観の形式」

科学哲学者の内井惣七は，優れたライプニッツ研究『ライプニッツの情報物理学』(2016) において，ライプニッツ哲学の難しさは，ライプニッツが，実体の世界と現象の世界の「両方について，同時に，一息で語っている」(p.139) ことにあると言う。だから我々はそれを慎重に解きほぐしていかなければならない，と。内井によれば，「位置解析」の対象はたんなる幾何学的空間ではなく，むしろ実体界に関わる形而上学的空間であり，空間そのものというよりは，さらに抽象度の高い「空間の基盤」である。それは，「量の存在しないモナド界」が関わる「空間の基盤」であり，そこからさまざまなメトリック（計量）を介して，ユークリッド空間，非ユークリッド空間など，さまざまな「現象的空間」が導き出される。それは，古典力学だけでなく一般相対論や量子力学の関わるさまざまな空間が，そこから導出される質的な「空間の基盤」である。ライプニッツは，抽象的な「空間の基盤」から，数学や自然科学の空間，そして個人の身体という「視点」に現れる現象的空間までのすべてを，「同時に，一息に」考えていた。とすれば，ライプニッツの抽象的な「空間の基盤」は，我々人間がその内で生きている現象的空間とどのように関係するのか，両者の関係を解きほぐして考えることが，次の課題となる。カントの『方位論文』は，そのような文脈で捉えることができる。

『方位論文』でカントは以下のことを主張している。

(1) 空間におけるさまざまな部分の相互の関係を表現する「位置 Lage」は，「方位 Gegend」を前提する。
(2)「方位」は，「一つの統一としての普遍的空間」「絶対空間」に関わることによって規定される。

〈共同討議 II／植村〉

（3）我々が外部の存在を知るのは「感覚器官」を通じてだから，感覚器官のある自分の身体を原点とする三次元座標空間において「方位」が示される。
（4）「方位」は，上／下，左／右，前／後の三つある。
（5）紙に書かれた文字や星図などは，自分の身体を基準にした「方位」に紙や星図の「向き」を合わせないと読めないし，使えない。
（6）自然界にも，生物や台風などに，左巻き／右巻きの固有の方向をもったものがある。
（7）我々が左／右という「方位」を判断できるのは，左側と右側の「違った感じ das verschiedene Gefuehl」にもとづいている。
（8）物体の形を規定する根拠は，その物体の，普遍的で絶対的な空間に対する関係にもとづいているが，この関係そのものを直接に知覚することはできない。
（9）しかし，この根拠にもとづいて物体のあいだに存在する差異は，直接に知覚できる。たとえば，それは左手と右手の区別である。
（10）左手と右手は，それぞれの相互の部分の位置関係はまったく同じなのに，ぴったり重ねることができない。こうした「不一致対称物 inkongruentes Gegenstueck」は，物体が普遍的で絶対的な空間に対してもつ「内的な根拠」にもとづく差異を証示している。
（11）左手の鏡像は右手であり，手の諸部分の相互の位置関係は，数値で表現しても全く同じであり，区別はつかない。にも関わらず，神が世界を創造した際に，最初に創造されたものが人間の手であるとすれば，それは必ず右手か左手かのどちらかである。

『方位論文』の論点すべてを検討することはできないが，まず確認すべきこととして，カントがここで扱っている空間は，我々が日常的に生きている環境的生活的空間である。この段階ではまだ，現象／物自体という区別をしていないが，後のカントの区別で言えば，「現象」界の空間である。カントは，1786 年の論考『思考の方向を定めるとは，いかなることか？』においても，『方位論文』と同じ身体の左右の区別の「感じ」について論じている。我々は，慣れた自室ならば，暗闇の中で

も，一つの物体に触れれば，後は部屋のすべての物体の在り処の見当がつくが，それは身体を基準に左右の「感じ」を区別しているからである（アカデミー版第8巻，135頁）。この例でカントが考えている空間は，20世紀の心理学者ギブソンによって提示された，アフォーダンス的・環境的空間に近く，ニュートンの「絶対空間」ではない。しかしそれは今だからこそ言えることであり，『方位論文』においては，カントはオイラーの論考を受けて考えているので，「一つの統一としての普遍的空間」「絶対空間」という彼の用語が，あたかもライプニッツの関係説的な空間論を退けて，ニュートンの「絶対空間」のようなものを主張しているかのように見えてしまう。この議論の「ねじれ」を解明する必要があるだろう。

　まず，カントがここで言っている「普遍的で絶対的な空間」について考えてみよう。カントは次のように述べていた。

「空間のさまざまな部分が相互に関係し合うその位置というものは，あらかじめ方位を前提する…。その方位にもとづいてそれぞれの位置がそのような関係に秩序づけられるのであり，そしてもっとも抽象的な意味においては，方位は，空間におけるある物が他の物に対してもつ関係──これが位置という概念の本来の意味であるが──のうちにはなく，方位はむしろ，こうした諸々の位置の体系が絶対的な宇宙の空間に対してもつ関係のうちに存するのである。」（アカデミー版377頁，邦訳318頁）

「我々の身体の縦の長さがその上に垂直に立つ平面は，我々自身との関係において水平と呼ばれる。そしてこの水平の平面がもとになり，上と下という語で呼ばれる方位が区別される。この水平な平面の上には，他の二つの平面が垂直に立つとともに，それらは互いに垂直に交差することができるから，その結果，人間の身体の縦の長さはこうした二つの平面が交差する軸と考えられる。すると，この垂直に立つ二つの平面の一つが，我々の身体を二つの外面的に類似した半身に分割するので，それが右側と左側を区別する根拠を与える。」（アカデミー版379頁，邦訳320頁）

ここで注目すべきことは，物体の諸部分が相互に持つ「位置」と，「絶対的な空間」との間を結びつけるものとして「方位」があることである。もし「方位」がなければ，物体の相互の諸関係である「位置」と全体としての「絶対空間」とが直接対立することになり，ライプニッツ・クラーク論争で見られるような対立において，カントは「絶対的な空間」を言っているように読まれてしまうが，そうではない。二番目の引用文が示すように，カントはここでデカルト座標を述べているのではなく，まさに身体こそが座標軸になると述べており，「身体座標系が空間を切り拓き」，「空間に方位を与える」という主旨である。ライプニッツ・クラーク往復書簡は，ライプニッツの死の翌年（1717年）に出版されているので（クラークが勝手に出版），カントはその内容を知っていた可能性がある。ライプニッツは死の三ヵ月前に書いた第5書簡（1716年8月18日）において，クラーク／ニュートンの「空間＝容れもの」説を批判して「空間の関係説」を述べている。空間とは「位置の秩序」であり，物体Aが，物体C，D，Eなどとある関係にあり，次に物体Aが物体Bと交替し，BがCDEに対してもつ関係が，前にAがCDEに対してもっていた関係と同じであるならば，「AとBは同じ場所にある」，と[13]。我々が「私の家は同じ位置にある」という時，地球の自転や公転，銀河系の回転による移動を無視して，周囲の家との関係において「私の家の位置」を規定している。カントが『方位論文』で，「空間のさまざまな部分が相互に関係し合うその位置」あるいは「空間におけるある物が他の物に対してもつ関係 ── これが位置という概念の本来の意味であるが」と述べているのは，ライプニッツが関係の同一性によって場所の同一性を規定したことを踏まえている。これは，ライプニッツが述べている空間を現象的空間であるとみなす限り，間違った理解とはいえない。しかし第5書簡においても，いつも「同時に，一息で語る」ライプニッツは，むしろ「空間の基盤」について考えていたとしたらどうであろうか。
　デ・リージや内井によれば，クラークと論争した最晩年のライプニッツは，「位置解析」についても精力的に取り組んでいる時期であり，

---

[13]　『ライプニッツ著作集』第9巻，352頁，380頁。

書簡の見解には「位置解析」の視点が入っているという。内井は,「ライプニッツはそこまで考えていたのだが,書簡中ではほとんど手の内を明かさなかった」と述べている（同書119頁）。ライプニッツの「空間の関係説」と言われるものが,我々が具体的に表象する現象的空間ではなく,ユークリッド空間や非ユークリッド空間等のさらに根底にある「空間の基盤」についての話であるとすれば,カントの批判は,かなり違ったものに見えてくる。ライプニッツのいわゆる「位置の相互関係＝空間」説を『方位論文』でカントが批判していることは間違いないが,その関係説は「空間の基盤」についてのものであり現象的空間についてではないとしたら,つまり,二人はレベルの違う空間を話題にしているのだとすれば,議論はかみ合っておらず,カントの批判は空を切ることになる。もし現象的空間についてのカントの主張をライプニッツが聞いたならば,それに賛成した可能性も十分にある。「位置解析」を含むライプニッツの幾何学論とカントの「方位論文」とを丹念に比較検討したデ・リージは,カントは文言上はライプニッツを批判する形で論を進めているが,実質的な主張内容は,ライプニッツとカントはほとんど同じで,カントの論はニュートンの「絶対空間」の基礎づけにはなっていない,と結論している[14]。

　石黒ひでは,カントの右手と左手の議論について,次のように述べている。そもそも二つの図形が合同かそうでないかは,どのような座標空間の内に二つの図形を置くかによって相対的に決まる問題であり,図形だけからは決まらない。同じ細めの直角三角形を二つ,向きを反対にして平面に置いた場合,平面を移動しただけでは二つは重ならないが,紙を折って,三次元空間で二つを関係づければ合同になる。だからカントが,右手は左手と「不一致対称物（＝非合同の対応物)」だと言う時,無条件にそう言えるわけではなく,神の片手の創造においては,片手を暗黙のうちに三次元ユークリッド空間の中に置いているか,あるいはそれを見ている自分の身体を傍らに想像しているか,しているのである。でも,そういう座標軸なしに,神は片手を創造することもできるはずで,その場合は,その片手は左手でも右手でもないだろう。そして石黒は,

---

14) Vincenzo De Risi : *Ibid.* pp.283-92.

ライプニッツ最晩年の手稿「数学の形而上学的基礎づけ」(1714以降)から次の文章を引く。「二つのものがあるとき，一方を連続的に変化させることによって，他方と同じものにすることが出来るとき，二つは等質（ホモジニアス）である」[15]。これは，上に見たように，まさに位相幾何学がやっていることであり，ユークリッド三次元座標がまだない抽象的な空間，すなわち「空間の基盤」から考えることもできるのである。

　神に最初に創造された片手は，必ず左手か右手のどちらかであるというカントの主張は，ユークリッド三次元空間よりもさらに抽象的な空間を想定すれば，成り立たない。だがそれは，ライプニッツが正しくてカントは誤っていたということではない。ライプニッツは「空間の基盤」を語り，カントは「現象的空間」を語っているからである。では，ライプニッツの考えた「空間の基盤」とカントの「現象的空間」とでは，どちらが根源的なのか？　必ずしも前者が根源的であるとも言えない。およそ「存在するもの」は，それを知る人間とは独立であると考えられるとしても，「存在するもの」が知られうるとすれば，それは「人間によって知られる」もの，すなわち，「人間にとっての知」にならなければならない。「空間の基盤」は，何らかの仕方で我々にとっての空間すなわち「現象的空間」と繋がりをもたなければならない。その繋がりがついたときに，初めて根源的な空間も「存在」が言えるのだとすれば，我々にとって所与であり出発点である「現象的空間」の方が根源的であるとも言える。

　カントが『方位論文』で，左右の区別という「方位」にこだわったことは，ライプニッツの「位置解析」からの大きな飛躍である。そして，「方位」があるということは，空間は必ず視点に相対的であり，空間には視点が先行するということである。カントは，このような洞察をもとに，物自体と現象の区別をするように思考を進めたと考えられる。左右の区別は，我々人間が地上で生きる上で決定的に重要な「方位」である。我々はまず「歩く」存在であり，これから左折するか右折するかは切実な問題である。歩くのはほぼ前方へと決まっているし，上下は，高階の建物や飛行機に乗る時くらいしか関心にならないから，上下や前後

---

15) 以上は，石黒ひで『ライプニッツの哲学〔増補改訂版〕』(2003, 岩波書店, 135-36頁)。

に比べて，左右が最も重要な「方位」になる。何の根拠も示さずに，左右という「方位」をいきなり提示したのがカントの『方位論文』の功績である。それはやがて，「一つの統一としての普遍的空間」「絶対空間」が意味するものを，ニュートン的なものから「現象の形式」へと変えることになり，「直観の形式」として空間を定式化し，物自体と現象を区別するために，不可欠の洞察であった。

　* 本稿は，2016年11月12日に福島大学で行われた，日本カント協会第41回学会における共同討議2「空間論から見たライプニッツとカント」で発表した原稿を，内容をさらに深めるために改稿したものである。当日，寄せられた様々なご意見に感謝したい。
　** カントのテクスト『空間における方位の区別の第一根拠について』は，岩波版カント全集第3巻から引用するが（訳者は植村），アカデミー版第2巻の頁数も記す。ライプニッツなど，それ以外のものは，そのつど註でテクストを示す。また，引用文も含めて，強調の傍点はすべて植村のものである。

〈公募論文〉

判断はどのように対象と関わるか
――カントにおける単称判断とその意味論――

五十嵐　涼介

はじめに

　カントの理論哲学において，「対象（Gegenstand）」とはそもそも何であるのか，また「判断（Urteil）」と「対象」はどのように関係するのか，という問いが核心に位置していることに異論はないだろう。これまでの多くの研究は，この問いに関して認識論もしくは存在論的な観点から考察をしてきたが，もちろんこれらは一筋縄では解答を与えることができない問題であり，カント哲学におけるもっとも困難な問いの一つであり続けている。そこで本稿では，特に後者の問題について，判断の論理形式および意味論に焦点を当てることを通じて，これまでの議論を整理すると共に新たな理解を与えることを目的とする。

　このようなアプローチに異議を唱える読者も存在するかもしれない。というのも，判断の論理形式それ自体は一般論理学において取り扱われるものであり，一方で対象と判断の関係についての実質的な説明は超越論的論理学によって与えられるとされているからである。しかしながら，一般論理学が「すべての悟性使用一般の予備学」（IX 15）である限り，超越論的論理学もまたこの学が与える「形式」に従わなければならない[1]。そうであるとすれば――自然言語の意味が文法についての反省

---

[1]　以下，引用箇所の指示については慣例に従う。また，『純粋理性批判』からの引用については高峯訳を，『イエッシェ論理学』からの引用については湯浅訳をそれぞれ参考にし，

なしには考えられないように——「内容」に先立って「形式」について考察しておくことが，本稿が問題とする関心にとって必要不可欠な試みであると言える[2]。

　以下では上述したような関心に基づき，まずは論理的・意味論的な観点から「対象」について扱う場合に，問題がどのように定式化されるかについて概観する。論理学史の観点から一般論を述べると，アリストテレス以来の伝統論理学は基本的に「名辞–概念–対象」という三項関係を基本的な考察対象としていると言える。ここでの「対象」は「個体（indivuduum）」や「物（res）」など，広い意味で事物を表す言葉に言い換えられるが，本稿ではこれらの語の意味の差異についてはさしあたり捨象し，交換可能な概念を意味しているという前提のもとで考察を進める[3]。判断とは一般に概念間の関係，あるいはその表象を意味するから，ここでは概念と対象との関係性が特に重要である。判断と対象の関係について，判断の意味内容あるいは真理条件という観点からなされた先行研究は，大別すると以下の三つの立場にまとめることができる。

　　1. 判断は対象と直接的に関わることができる（Hanna 2001）
　　2. 判断は概念を介して間接的にのみ対象と関わる
　　　（Korte and Repo 2011; Lu-Adler 2012, 2014）
　　3. 判断は対象とまったく関わらない（Anderson 2004; Tolley 2007）

　これらの解釈はまったく異なった判断観を表明しており，どの立場をとるかによってカントの理論哲学全体の解釈に直接的にせよ間接的にせ

適宜改変を加えた。
　2）　実際に，後述の先行研究が提示する『純粋理性批判』解釈の相違点のいくつかは，判断の論理的形式についての理解の相違に由来しているように思われる。これに加えて，もしフレーゲの「文脈原理」に類するものをカントに読みこむことが可能であるならば，このような探求は「対象とは何か」という問いについても一定の解答を与えうるかもしれない。というのも，この場合には「対象」概念の（少なくとも一側面の）分析は，論理的形式におけるその役割の探求を通して与えられることになるからである。このような解釈とそれに対する批判については Heis (2014) を参照のこと。
　3）　これはすなわち，これらの語の認識論的，あるいは存在論的な側面を捨象することを意味している。しかしながら，この点は論理的・意味論的側面に着目する本稿のアプローチにおいては問題とならない。

よ影響をおよぼすことになる．さて，このような問いにもっとも深く関係している判断形式は単称判断である．なぜなら，もし判断が対象と直接に関係するとしたらそれはこの判断形式をおいて他にないからである．したがって，以下ではこれらの解釈の帰結と妥当性を，単称判断の論理的意味論を考えることを通して明らかにすることを試みる．以上の立場を単称判断の意味についての問題に置き換えると，以下のようになる．まず，解釈1は単称判断の主語が意味するものを対象そのものであると考える．これはすなわち，概念の対象への述定それ自体が一つの判断であるということである．このとき，単称判断は対象への直接の述定を意味し，全称判断と特称判断の基礎となるべきもっとも基本的な判断であるということになる．一方，解釈2をとった場合には，単称判断の主語はただ一つの対象に適用される概念（単称概念）であると考えられる．このとき，判断形式としてみた場合には，単称判断はむしろ全称判断の特殊例であるとみなされ，概念の対象への適用それ自体は決して判断ではない．最後に解釈3では，対象はいかなる仕方であっても判断の意味内容には関係しない．これは次節で見るように，そもそも判断の構成要素である概念の「外延 (Umfang)」は，「対象」ではなく，その概念の下位概念を意味すると考える立場である．特に解釈1はより現代の論理学の枠組みに近く，またカントの理論哲学の解釈に関しては実在論的な解釈と整合的であるように思われる．これに対して解釈3は，カントは現代とはまったく異なる論理観・命題観を持っていたということを意味している．また，この解釈によれば，判断は対象への存在論的コミットメントを一切含まないため，反実在論的な解釈と相性がよいように見える．

1　単称判断について

以下ではカントによる単称判断の特徴付けについて簡単に概観しておこう．カントの様々な記述を踏まえると，単称判断は判断形式として以下の4つの特徴を持っているということが読みとれる．

(1) 主語が個体を意味している。
(2) 主語がただ一つの対象に適用されるような概念（単称概念）を意味している。
(3) 三段論法において全称判断と同様に取り扱われる。
(4) 主語が外延を持たない概念を意味している。

実際に典型的な引用箇所を参照しながら一つずつ確認してみよう。まず，単称判断に関する記述のうちでもっとも有名なものは，『純粋理性批判』における以下の記述であろう。

> 論理学者たちが，理性推論において判断を使用するさいには単称判断は全称判断と同じものとして取り扱われると言うのは，正当である。なぜなら，単称判断は全然外延を持っていないという，まさにこの理由で，単称判断の主語は，主語の概念のもとに含まれているもののいくつかと連関して，他のいくつかからは排除されるということは，ありえないからである。それゆえ，その述語は主語の概念に例外なく妥当するが，それは，あたかもこの概念が外延を持っている全称的な概念であって，その外延の全意味にその述語が妥当するかのようである。（A 71/B 98, 強調筆者）

この箇所では明らかに，特徴（3）と（4）が言及されている。一方で，『ブロムベルクの論理学』における以下の記述は，特徴（3），（4）および（1）に関して言及している[4]。

> いくつかの判断は量に関しては（*quoad quantitatem*）存在しない。というのも，これらは単称判断（*judicia singularia*）とみなされるから，すなわち主語が個体（*individuum*）であるような判断だから

---

[4] 『ブロムベルクの論理学』は成立時期が前批判期（1770 年代）であると目されているが，本稿では他の論理学講義と特に区別せずに扱う。これは，カント自身が（批判期以降も含め）形式論理学は自らに先行する論理学者たちによって完全に完成させられたと考えていたからであり（cf. B VIII ff.），また批判期に成立した他の論理学講義においても以下で引用するものとほぼ同内容の記述が見られるからである。

であり，これらの判断は全称判断に含まれる。(XXIV 275, 強調筆者)

このとき，特徴 (4) と (1) がある種の言い換えと考えられていることに注意が払われるべきだろう。最後に特徴 (2) についての記述としては，『ウィーンの論理学』における以下の記述が典型的である。

すべての単称判断においては (*judicium singulare*)，述語は主語に例外なく成りたつ。もし私が「カエサルは不死である」と言ったならば，例外は起こりえない。というのも，「カエサル」という概念は単称概念 (einzelner Begriff) であり，その下には多数 (Menge) ではなく，一つの物 (einzelnes Ding) のみを包摂するからである。(XXIV 931, 強調筆者)

以上の記述に関してまず問題となるのは，特にこれらの特徴が一見したところ矛盾しているように見えるということである。第一に，単称判断の主語が個体を意味しているということを主張する特徴 (1) は，(4) と (2) のどちらとも矛盾している。なぜなら，(4) および (2) が述べているのは主語は概念を意味しているということだからである。第二に，たとえ主語が概念を意味しているとしたとしても，外延を「概念が適用される個体，もしくはその集合」と解釈した場合，特徴 (4) と (2) は両立不可能である。というのも，(2) に従うならば，単称判断の主語はまさにただ一つの対象を外延として持つ概念を意味しているということになるからである。以上の対立点が本稿にとって重要なのは，これらが判断と対象の関係に関する対立に対応しているからである。以下の節でより詳しく論じるが，特徴 (1) は解釈 1，特徴 (2)，(3) は解釈 2，特徴 (4) は解釈 3 をそれぞれ支持しているように思われる。したがって，これらの箇所の解釈を通じて，判断と対象の関係についての議論に一定の解決が与えられることが期待されるし，また少なくともよりよい理解を得ることができるだろう。

本題に入る前に，この問題を論じる上で本稿がとる前提について述べておく。第一に，特徴 (3) を次のように定式化する。すなわち，特徴

(3) が意味しているのは，「すべての妥当な三段論法において，その全称判断を単称判断に置きかえたものもまた妥当である」ということである。その上で，本稿では (3) が無制限になりたつことを前提とした上で論を進めることにする[5]。

　以上の問題について本稿の結論を先取りすると，カントの記述に関して整合性を重視するならば判断形式としては解釈 2 をとらざるをえない。しかしながら同時に，単称判断においては主語の単称性が与えられているため，事柄としては対象への直接の述定を表現しているとみることができる。すなわち，主語の単称性を考慮にいれる限りにおいて，実質的には解釈 1 と解釈 2 は両立するということである。以下第 2 節では，解釈 2 と解釈 3 の間の対立を扱い，解釈 3 を退ける。次に第 3 節では，解釈 1 の問題点を指摘し，少なくとも判断形式に着目する限りでは解釈 2 をとるべきであることを示す。これに加えて，判断の真理条件に着目した場合には，実質的には単称判断は対象への述定（解釈 1）の表現であるとみなすことができるということを示す。

2　判断は対象と関わることができるか

　解釈 2 と 3 の間の対立は，基本的に「外延」や「範囲」といった語をどのように解釈するかに関係している。そして外延についての問題は，基本的には特徴 (4) をどのように解釈するかに依っている。Lu-Adler (2012, 2014) が指摘しているように，この特徴を素直に解釈すると，ここでの外延という語は，個体やその集合ではなく，下位概念もしくはその集合を意味しているという結論が得られる。以下では，前者の意味での外延を対象的外延，後者を概念的外延と呼ぶことにしよう。概念的外延は現代的な観点からすると非常に奇妙なもののように見えるが，当時の論理学では一般的な定義であったことが指摘されている[6]。

---

　5)　この前提を置くのは，特徴 (3) についてカントが何らかの制限を加えた記述が（少なくとも筆者の知る限りでは）見当らないからである。このような場合には，可能な限り文字通りに解釈する道を探る必要があると考えられる。
　6)　Tolley (2007), Lu-Adler (2012) を参照せよ。

このような区別に基づき，カントが外延という言葉で意味しているものを概念的外延だと考えるならば，単称判断が外延を持たない判断であるということが帰結する。Lu-Adler (2014) は，この議論を以下のように再構成している。

(P1) ある概念の「外延」は，その下位概念の集合である。
(P2) 概念が外延を持つのは，その概念が少なくとも一つの下位概念を持つ場合であり，その場合に限る。
(P3) 単称判断の主語は下位概念を持たない概念を意味している。
(C) よって，単称判断の主語は外延を持たない。

　特徴 (1) に関しては，前述した引用箇所で言及されている「個体」は下位概念を持たないような最低種概念を意味していると解釈することになる[7]。また，カントによる次のような記述もこの解釈を支持しているように思われる。すなわち，カントによれば，単称判断においては「まったく範囲を持たないような概念が，だから単に部分として，他方の概念［述語概念］のものに囲い込まれる」(IX 102)。この記述は，文字通りとるならば，外延を持たない概念それ自身が外延の構成要素をなしていると主張するものに見える。
　カントの「外延」が概念的外延を意味しているとする解釈には一定の支持があり，近年では Anderson (2004) や Tolley (2007) などが提唱している。しかしながら，この解釈には三つの問題を指摘することができる。第一に，このように定式化された単称判断は特徴 (3) を満たさない。これは次節で見るように，解釈1が特徴 (3) を満たさないことと全く同じ理由による。というのも，解釈3は論理的な形式を見た場合には解釈1における「対象」を「最低種概念」におきかえたものに等しいからである。したがって，この点についてのより詳細な検討は次節に譲ることにする。第二に，特徴 (2) と整合的でない。なぜなら，(2) は単称判断を，主語概念がただ一つの対象に適用されるような判断と

[7) 議論の都合上ここでは割愛するが，このような見方は以下で指摘するものの他にも最低種概念に関する問題を含んでいる。というのも，カントは明示的に最低種概念の非存在を主張しているからである。

して特徴付けているからである。第三に，カントが明示的に外延の定義をしている箇所はすべて対象的な外延の定義になっている。例えば，「その概念のもとに含まれる多数の物（Menge der Dinge）が論理的範囲［すなわち外延］と呼ばれる」（XXIV 755, 傍点筆者）とされており，同様の定義は論理学講義の様々な箇所に登場する[8]。これらの問題のため，本稿では概念的外延を用いて解釈する立場はとらない。

　それでは，外延が対象によって構成されていると考えた場合，単称判断の主語の外延についてはどのように考えることができるだろうか。まず，特徴（2）については素直に解釈することができる。すなわち，単称判断の主語概念はただ一つの対象を外延として持つような判断と考えられる。この場合はもちろん特徴（4）をどのように解釈するのかが問題になる。この問題に関しては，Lu-Adler（2012, 2014）が，カントの「外延」の定義には，対象の複数性が含意されているという解釈を提唱している。すなわち，ある概念が外延を持つのは，その概念が適用される対象が複数存在する場合であると解釈する。実際に，カントが外延の定義を述べるときには，常に「複数の物（Menge der Dinge）」という言葉が用いられている。すなわち，カントが用いる外延もしくは範囲（sphaera）という表現はある種の幾何学的アナロジーのもとに成りたっているのであり，単一の対象は幾何学的な範囲ではなく点として表象される。このように考えるならば，単称判断は言うまでもなく外延（すなわち文字通りの拡がり）を持たない。本稿では，このLu-Adlerの解釈を採用することで，解釈3を退けることにする。

3　判断は対象と直接に関わることができるか

　前節では，カントの外延の定義を詳細に検討することにより，解釈3を退けた。本節では次に，解釈1と2の間の対立を扱うことにする。まずは問題になっている点を簡単に整理しておこう。すでに述べたよう

　8）　Tolley（2007）はここで述べた以外にも，内包と外延の逆比例関係をもとにした議論を与えている。本稿では紙幅および議論の都合上割愛するが，これに対してはLu-Adler（2012, 2014）が反論を与えている。

に，この対立は，単称判断が論理形式として，（全称判断とはまったく異なる）個体それ自体に対しての述定であるか（解釈1），それともあくまで全称判断の特殊例とみなすことができるか（解釈2）という対立へと読みかえられる[9]。

また，カント自身，さらには先行研究においても言語的存在であるところの名辞と物の表象であるところの概念は厳密に区別されていない。しかし，管見ではこの混同・曖昧さが議論が錯綜している原因の一つである。したがって，議論を整理するために以下では名辞と概念を厳密に区別して扱うことにする。

この対立に関して最初に指摘されるべき点は，解釈1は特徴（3）と整合的でないということである。このことを確かめるために，第一格AAAの推論を例にとろう。この推論は具体的には以下のような形式のものである。

  （大前提） すべてのMはPである。
  （小前提） すべてのSはMである。
  （結論）   すべてのSはPである。

この推論で用いられている全称肯定判断は，主語概念の外延すべてが述語概念の外延に含まれるということを意味しているのであった。ここで，大前提の主語に単称判断，たとえば「ソクラテス」を主語とするものを置いた場合を考えてみよう。このとき，主語名辞であるところ「ソクラテス」は小前提の述語（M）として現われなければならない。しかし，直接に個体を意味する名辞を全称判断の述語に置くことはできな

---

[9] 「主語が意味するものは直観である」とする解釈もありうるが，この場合もこのどちらかの解釈に還元することができる。すなわち，直観を個体と同一視する場合は解釈1，対象を一意的に指示する表象であると考えた場合は解釈2と実質的に同じ立場であると考えられる。この話題についてはThompson（1972）を参照のこと。ここで注意するべき点は，以下の議論では場合によっては不自然な表現の文が生じることがあるということである。たとえば，解釈2をとった場合に全称判断の形式をそのまま適用すると「すべてのソクラテスは人間である」というような文が生じることになる。しかしながら，ここで議論の対象になっているのは自然言語ではなく，あくまで主語の意味およびその述語との関係であるから，このような問題は差し当たり考慮しないこととする。読者は適宜問題のない表現に読みかえて理解してもらいたい。

い。これは，単称判断を推論の大前提にとることは，そのままの形では不可能であるということを意味している。よって，解釈1をとった場合には，全称判断への置き換えが不可能な場合が存在するか，あるいは何らかの制限を加えなければならず（大前提との置き換えが不可能，小前提は全称判断ではなく同一性判断のみを許すなど），結果として特徴（3）を満たさないということになる[10]。これに対して，解釈2をとった場合は単称判断は全称判断の特殊例なのだから，（言語的には不自然さを伴うものの）もちろんすべての妥当な三段論法に現われる全称判断と置き換え可能である。したがって，特徴（3）との整合性を考慮にいれるならば，解釈2をとらなければならない。

　一方特徴（1）について述べた箇所に現われているように，カントが単称判断の主語を個体であると説明している箇所があることも確かである。そのような記述と解釈2の関係はどうなっているだろうか。これらの記述ついてはすでに述べたように，単称判断は判断形式としては全称判断の特殊例であるにもかかわらず対象への直接の述定でもあると考えることで整合的に解釈できる。というのも，双方の解釈に基づいて定義される単称判断の真理条件は主語の単称性が与えられればまったく同値であることが分かるからである。こ
れは換言すれば，その意味内容のとしては間接的であるにも関わらず，解釈2に基づいて与えられる単称判断は同時に個体に対しての直接の述定のある種の表現であるとみなすことができるということである。以下ではこのことを，単称判断の真理条件を考察することを通して，詳しく見てみよう。まずは簡単のため，名辞，概念，個体を表わす記法を以下のように導入しておく。

　　S, P・・・名辞
　　$\langle S \rangle, \langle P \rangle$・・・$S, P$が指示する概念
　　s・・・Sが（直接的・間接的に）指示する対象

10）たとえばHanna (2001) は暗黙裡に，単称判断を置き換えることができるのは小前提のみであるという前提を置いている。しかし，そのようなことを述べる記述はカントの著作にはみあたらない。

さらに，判断の真理条件に関しては肯定判断のみに着目することにする[11]。以上の記法を用いると，解釈1, 2に基づいた単称肯定判断の真理条件は，それぞれ以下のように与えられる。

解釈1：s が $\langle P \rangle$ の外延に含まれている。（個体に関する述定）
解釈2：$\langle S \rangle$ の外延全体が $\langle P \rangle$ の外延に含まれている。（全称判断の特殊例）

ところが，解釈2の場合においても（$\langle S \rangle$ の単称性により）$\langle S \rangle$ は s のみを外延として含むことが前提とされているため，これら二つの真理条件は同値であることが分かる。すなわち，解釈2の真理条件は解釈1の真理条件の必要十分条件となっている。したがって，これら二つの解釈は論理形式としては異なったものであるが，事柄としてみるならば同じ事態を表現したものであるとみなすことができる。この点に加えて，カントが名辞と概念を明確に区別していなかったという事実も考慮されなければならない。というのも，もし名辞と概念の間の区別が曖昧であるならば，名辞が直接に個体を指示することと，概念が唯一の個体に適用されるということの間の区別も曖昧になるからである。この同一視・曖昧性はもちろん現代的な視点から見れば非常にミスリーディングであり，問題を含んでいると言える。しかしながら，当時の時代状況を考えれば責められるべきとは言えないだろう。

さて，以上の議論をまとめると次のようになる。すなわち，カントにおける単称判断は判断形式としてみるならば全称判断の特殊例であるが，一方で主語の単称性が与えられている限りにおいて，対象に対する直接の述定であるとみなすことができる。この結論は以下のような帰結を持つ。ここで明らかになったのは，判断の対象に対する述定は概念の単称性に本質的に依っているということである。したがって，単称性をどのように考えるかによって対象と直接に関わる判断のクラス（すなわち単称判断）を明らかにすることができる。また，このことを通じてカントが「対象」と呼ぶもののクラスもまた意味論的に特徴付けることが

---

11) 以下の議論は，否定・無限判断に関しても同様に成りたつ。

できるだろう。

4 おわりに

　本稿では,「判断はどのようにして対象と関わるか」という問題を,単称判断の意味論を考察することによって,論理的・意味論的な立場から明らかにすることを試みた。これに対しては,単称判断は論理的形式としては全称判断と等しいが,主語概念の単称性が与えられている限りにおいて対象への直接の述定を表わしているという結論が得られた。

　最後に,紙幅の都合上今回は扱うことのできなかった問題を指摘しておく。以上の結論が含意しているのは,論理的・意味論的立場からカントの対象概念の特徴付けを行う場合には,概念の単称性がいかにして確保されるかという問題がもっとも重要であるということである。この問題についてはまたの機会に論じることにしたい。さらに,このことに関連して,Korte and Repo（2011）が指摘するように,カントは概念の単称性によって判断の区別を与えるのではなく,むしろ判断の区別によって概念の単称性を与えようとしている箇所が存在する。詳細については割愛するが,もしこの箇所を文字通りに解釈した場合は,概念の単称性はむしろ判断の区分によって与えられるということになる。また,この場合本稿で扱ったところの特徴（3）と両立可能でないという問題が生じる。実際のところ,カントがこの問題を正しく認識していたかについては疑問が残るが,この問題についても機会を改めて論じることにしたい。

参 考 文 献

Anderson, L. (2004). It adds up after all: Kant's philosophy of arithmetic in light of the traditional logic. *Philosophy and Phenomenological Research*, LXIX(3):501-540.

Hanna, R. (2001). *Kant and the Foundations of Analytic Philosophy*. Oxford University Press, New York.

Heis, J. (2014). The priority principle from Kant to Frege. *Nôus*, 48(2):268-297.

Kneale, W. and Kneale, M. (1985). *The Development of Logic*. Oxford University Press, New York, reprint edition.

Korte, T. and Repo, A. (2011). The problem of singular judgments in Kant. *History of Philosophy Quarterly*, 28(4):389-406.

Lu-Adler, H. (2012). *Kant's Conception of Logical Extension and its Implications*. PhD thesis, University of California, Davis, California.

Lu-Adler, H. (2014). Kant on the logical form of singular judgments. *Kantian Review*, 19(3):367-392.

Thompson, M. (1972). Singular terms and intuitions in Kant's epistemology. *Review of Metaphysics*, 26(2):314-343.

Tolley, C. (2007). *Kant's Conception of Logic*. PhD thesis, The University of Chicago, Chicago, Illinois.

〈公募論文〉

カントの事象性と感覚印象の理論*⁾
――スコトゥス的観点からの再検討――

長田　蔵人

序

『純粋理性批判』における「知覚の予料」の証明については，内包量（intensive Grösse）という原理を，感覚印象（Empfindung）[1]や，その対象としての事象性（Realität）[2]，すなわち現象的事象性（realitas phaenomenon）に帰すための論証に不備があるとされ，現象を構成する

---

*）『純粋理性批判』からの引用は原版の頁番号で引用箇所を示した。その際，A は第一版，B は第二版を表す。その他のカントの著作については，アカデミー版カント全集（Ak.）の巻数，頁番号の順で引用箇所を示した。また，ドゥンス・スコトゥスの著作 *Ordinatio* からの引用箇所は，巻数，区分（distinctio），部（pars），問題（quaestio），パラグラフ番号（numerus）の順に示した。引用中の〔　〕は筆者による補足を表す。

1) ‚Empfindung' は働きとしての「感覚」というよりはむしろ，その働きの産物としての表象内容であることを明確にするために，「感覚印象」という訳語を採用した。

2）　カントは ‚Realität/realitas' という用語を，自覚的に 2 つの意味において用いている（Ak.29, 1000, cf. 檜垣［2015］1）。1 つには，概念の objektive Realität（A109, A155/B194, etc.）や空間・時間の empirische Realität（A28/B44, A35/B52, etc.）という言葉におけるような，観念性との対比における実在性を意味する用法であり，またもう 1 つには，純粋知性概念（カテゴリー）の 1 つとしての用法である。後者は，事象（res）の徴表や積極的・肯定的規定を意味する伝統的な realitas 概念に基づく。ただし後者の概念も，現象の規定としては「それ自体において（時間における）存在（Sein）を表示する」（A143/B182, cf. A175f./B217, A574/B602）というカント自身の言葉が示唆するとおり，前者と内的な連関を持つと考えられる。しかし本稿では，カント自身の区別を反映させるために，また伝統的な realitas を「実在性」と訳すのは必ずしも適切ではないことから，前者を「実在性」，後者を「事象性」と訳し分けることにしたい。

質料としての事象的なもの（das Reale）が内包量の度合い（Grad）を有するという原則の，ア・プリオリな正当性に関わる困難が指摘されてきた。

事象性という概念そのものは，それが内包量を持つという考え方とともに，ドゥンス・スコトゥスの形而上学にその淵源が求められる。その考え方が，ヴォルフやバウムガルテンを経てカントに継承されるという概念史を踏まえるならば，カントが事象性と内包量を結びつけて理解するのは当然の成り行きであるとも言える。しかしカントの立場にとって問題となるは，その内包量という様態が，感覚印象とその相関者としての現象的事象性に，ア・プリオリに帰されることの妥当性である。超越論的哲学という枠組みのなかで，「本来的に経験的なもの」(*Prolegomena*, Ak.4, 306) である感覚印象について何ごとかをア・プリオリに規定することはいかにして可能か，という問題が問われるのである[3]。

この点においてカントの証明を正当化することは難しく，ただちそれを望むことはできない。本稿において試みたいのは，内包量としての事象性というスコトゥスの思想に立ち戻り，その視点から，「知覚の予料」という考え方の根を捉え直すことである。この原点を踏まえるならば，内包量の概念は元来，抽象的な認識からは原理的に区別されるべき，直観という認識様態の理解に密接に結びついており，カントの議論は感覚印象を，知性的概念に還元できない直観の質料[4]として理解することにおいて，理性主義的なヴォルフやバウムガルテンよりもスコトゥスに近いところにあることが分かる。このような観点から，事象性と感覚印象を結びつける思想としての「知覚の予料」の意義を掘り起こしてみたい。

---

3) 周知のとおりハイデガーは当該箇所について，「知覚の受容性における予料という異常なこと（das Ungewöhnliche）」が論じられているとし（Heidegger 172），そこに含まれる「何か奇異なもの（etwas Auffallendes）」(A175/B217) に，カント自身が自覚的であったことに注意を促している。

4) カントは質料（Materie）の概念を2つの意味において用いている。一方では，それは「現象の質料」(*Prolegomena*, Ak.4, 284) として，感覚印象に対応する現象的事象性を意味する（B207, A143/B182, cf. A20/B34）。しかし他方では，感性的直観（知覚）の質料として，感覚印象そのものを意味する場合がある（A167/B209, A267/B323, cf. A42/B59f.）。

1. 「知覚の予料」の問題

　「知覚の予料」の原則は，A 版と B 版において，それぞれ以下のような命題として提示される。

> 一切の現象において，感覚印象，および，対象において感覚印象に対応するところの事象的なもの（現象的事象性）は，内包量，すなわち度合いを持つ。(A166)

> 一切の現象において，感覚印象の対象であるところの事象的なものは，内包量，すなわち度合いを持つ。(B207)

　双方であきらかなように，カントは感覚印象と，現象における事象的なもの（現象的事象性）とを区別する。前者は主観的な表象内容であるのに対して，後者は客体としての現象を構成する客観的規定である[5]。B 版演繹論での例を借りれば，「私は或る物体を持つならば，或る重さの圧を感じる」という言明における「重さの圧」が感覚印象であるのに対して，「その物体は重い」という客観的判断における「重さ」が現象的事象性であると言えるだろう（cf. B142）。こう区別したうえで，感覚印象が連続量としての内包量を持つことを根拠に，その相関者である現象的事象性に対しても内包量が帰されることを示すという手順が，証明の輪郭である。その証明の妥当性を肯定的に評価する Jankowiak [2013] は，現象的事象性の「感覚に基づく構成（sensory constitution）」と自ら称する解釈によって，証明の要点を次のようにまとめる（Jankowiak 400）。

---

[5] 現象的事象性が客観的であると考えられるのは，超越論的統覚の総合的統一によって構成される客体としての現象に，その統一を通じて帰される概念的規定がこの現象的事象性であると想定されるからである。「知覚の予料」の原則によってその可能性が説明されるはずの現象的事象性が客観的でないのであれば，このア・プリオリな原則の「客観的実在性」を示す（cf. A156f./B196）という原則論の目的は果たされないことになる。

（SC_1）感覚印象（特にその質）は，内包量を持つ。
（SC_2）直観を構成する感覚印象の質は，直観によって表象される質と同一である[6]。
（SC_3）直観によって表象される質は，現象における事象的なものと同一である[7]。
それゆえに，現象における事象的なものは内包量を持つ。

この整理に基づいて言えば，特に SC_1 のテーゼに関して，カントの理解に問題を見出している研究者が多い。たとえば Falkenstein［1995］は，SC_1 のような主張それ自体の証明が必要であるとカントは考えていないようであると指摘し，そのような証明は，「知覚の予料」を含む『純粋理性批判』のなかのどこにも見出されないと判定する（Falkenstein 134）。また，Guyer［1987］や Bennett［1966］によれば，原則は「ア・プリオリな正当性」を欠いており（Guyer 203），感覚印象が内包量を持つという主張（SC_1）は，「経験的事実」を述べているに過ぎない（Bennett 172）。実際のところ，感覚印象が強さや明晰性の度合い（gradus）を持つという洞察は，ヴォルフやバウムガルテンの『経験的心理学』において，つまり経験的な学に属する問題として扱われており（cf. Wolff, *Psychologia empirica*, §§74-75, Baumgarten, *Metaphysica*, §§537-539（cf. Ak.15, 14）），これらを継承したカント自身の『人間学』（§25）においても，感覚印象の度合いについての考察が行われている（Ak.7, 162-165）。

これに対して Jankowiak は，もっぱら SC_2 と SC_3 の論証に注力しており，その緻密な再構成には一定の説得力がある一方，SC_1 の妥当性については，これを不問に付している。というのも，Jankowiak によれば，カントにとってそれは，論証が可能でも必要でもない事実だったからである（Jankowiak 395）。その「事実」は，必然的ではなく偶然的な事実であるが，しかしそれでもなお，「ア・プリオリな事実」たりえる

---

6) すなわち，経験的直観の質料としての感覚印象の質は，経験的直観が表象する空間のうちに投射された質の表象と同一である（cf. Jankowiak 401f.）。

7) すなわち，経験的直観によって表象される質は，カテゴリーによる概念的規定を受けて，現象を構成する現象的事象性となる（cf. Jankowiak 402f.）。

(*ibid.*)。なぜならば，空間と時間が人間の直観形式であるという事実もまた，他の形式でもありえた（B155）という意味において，まさにア・プリオリな偶然的事実として理解されうるからである。

以上のように，「知覚の予料」の証明が抱えている問題の1つは，SC_1で示される感覚印象のテーゼにある。ハイデガーが指摘する通り，この議論の解釈においては，「感覚印象の超越論的本質（das transzendentale Wesen）」（Heidegger 170）についてのカントの洞察に注視すべきなのであり，経験の可能性の条件としての「感覚印象一般（Empfindung(en) überhaupt）」（A167/B209, A175/B217）という超越論的な問題圏への眼差しが求められる。そこで本稿では，SC_1がある種の「事実」の指摘でしかないという解釈が妥当であるとしても，それがどのような事実として理解されるべきであるのかを，もう少し掘り下げて吟味することにしたい。

2. 二次性質と感覚印象

カントが現象的事象性の事例として挙げるのは，色，味，熱，明るさ，重力のモメントなどである[8]。それらはいわゆる「二次性質」に限られるわけではないが，カントがその典型として二次性質を挙げているのも事実である（A169/B211, A175/B217）。後述のように，カントの事象性に関する考察の意義は，それを直観という認識様態やその質料としての感覚印象に結びつけた点にあり，二次性質の認識がカントにおいてどのように説明されうるかという考察は，「知覚の予料」の理解にとっても欠かすことはできない。そこでここでは，カント的な二次性質に関する Rosefeldt［2007］の解釈[9]を通じて，感覚印象の問題を考えるため

---

[8] 度合いを持つ感覚印象としては，「痛み」や「内的表象」など，「意識一般」が挙げられる（*Prolegomena*, Ak.4, 309Anm.）。そうすると，「内的表象」に基づく自己認識の場合には，客体（現象）としての自己に帰属する現象的事象性の概念が，いかにして客観的妥当性を持ちうるかということが問題になるだろう。しかし本稿ではこの問題について考察することはできない。

[9] Rosefeldt はカントの超越論的観念論について，いわゆる存在論的二側面解釈を採り，その解釈の妥当性を示すために，現象の諸性質を二次性質になぞらえるカントの議論（cf.

の本稿の視座を整えたい。
　Rosefeldtによれば，カントの超越論的哲学の枠組みのなかで二次性質（の原因）は，〈主体に対して或る感覚印象を引き起こすための機能的な役割を果たす〉という性質，つまり「傾向性（Disposition）」として，客体に帰されうる（Rosefeldt 190f.）。たとえば，「そのバラは赤い」という命題は，正確には次のように表現されるべき事態を指す（Rosefeldt 191）。

　　（2.c）　そのバラは，標準的な人間の感覚能力を持つ主体に対して，赤く現象する。

このとき，〈或る種の主体に対して赤く現象する〉という性質は，より厳密には，〈或る種の主体において或る種の心的状態を引き起こす傾向性を持つ〉ということとして，以下のように表現される（ibid.）。

　　（2.d）　そのバラは，〈適切な状況に置かれた，標準的な人間の感覚能力を持つ主体のうちに，赤色の感覚印象を引き起こす〉という性状のものである。

　このように傾向性の産物として捉えられた二次性質には，2つの特徴が備わる。それは第1に，二次性質が，或る特定の種類の主体に相関的な性質であるということ，そして第2に，その原因が精神外在的な対象（我々の観点を離れれば物自体であり，我々にとっては現象として表象される客体）に帰されるという意味において，客観的である[10]ということである（cf. Rosefeldt 182）。これらの点は，二次性質に関するカントの両義的な言明を，或る意味において救い上げている。

Prolegomena, Ak.4, 289）を取り上げる。カントは現象と物自体の違いを説明するために，前者を二次性質になぞらえるのだが，Rosefeldtの目的は，この類比が自らのカント解釈を支持するものであることを示すことにあり，その目的のもとで，カントにおける二次性質の正当な解釈を示そうとする。したがって，Rosefeldt［2007］と本稿の主題は重なるわけではないが，カント的二次性質の有望な解釈の1つとして，ここで取り上げることにしたい。

　10）　Rosefeldt［2007］が言う客観性と，註5において言及された客観性との違いに注意が必要だが，両者は矛盾するものではない。

超越論的感性論においてカントは，一方では，味や色は物体の性状ではなく，「主体における感官の特定の性状」(A28) であり，「感官の変容（Modifikationen）」(*ibid.*)，「感覚様態（Sinnesart）の主観的な性状」(B44) に過ぎないと述べる。しかし他方でカントは，バラの赤い色や匂いが，仮象とは異なり，「我々の感官との関係において客体そのもの（Objekt selbst）に帰される」ということを強調する (B69f. Anm.)。「知覚の予料」においても，感覚印象は「単に主観的な表象，つまり主体が触発されるということだけがそれによって意識されるような表象であり，かつ，客体一般（Objekt überhaupt）に関係づけられるような表象」(B207f.) であると述べられる。

Rosefeldt の解釈は，二次性質のこのような二重構造をうまく説明しているように思われる。カントは『プロレゴメナ』において，味や熱があくまでも主観的な「感じ（Gefühl）」に関係づけられるだけで客観的にはなりえないと強調するが（Ak.4, 299 Anm.），Rosefeldt に従うならば，その「感じ」は，認識主体に備わる認識能力や認識主体が置かれた状況に相関的な感覚印象として，その主体に固有の主観的な表象内容であると考えられる。しかし他方で，そのような感覚印象を引き起こすという傾向性は，客体に帰属するとみなされうるのである。

では，以上のような解釈は「知覚の予料」の理解にどのように結びつくだろうか。上記の命題 2.d は，或る二次性質（の原因）を或る客体に帰属させる判断を定式化したものである。この命題において，主体のうちに引き起こされるとされる「赤色の感覚印象」に内包量を帰すのが，Jankowiak の命題 SC_1 である。前述のように，多くの研究者によれば SC_1 は経験的事実の指摘に過ぎないが，Jankowiak はそれが「ア・プリオリな事実」として理解されうると考える。だがカントの超越論的哲学の枠内においては，いずれかに決着をつけるのは困難であるように思われる。命題 2.d を踏まえるならば，感覚印象が内包量を持つのは，(α) 物自体の性状（傾向性）による帰結かもしれないし，(β) 認識主体に備わる〈可能性の条件〉のためかもしれず，またはその両方であるという可能性も含め，いずれとも決しがたい。「知覚の予料」の証明は，やはりここで大きな壁に突き当たる。

本稿で試みたいのはこの問題の解決ではなく，上記 (β) が何を意味

しているのかを，次の視点から考えることである。カントの思考法は質料形相論（hylomorphism）であり，現象の成り立ちを〈規定するもの（determinans）〉（形相／形式）と〈規定されうるもの（determinabile）〉（質料）という伝統的な枠組みに従って説明しようとする。さらにカントには，これらを現象の〈可能性の条件〉として捉える視点がある。そこで〈規定するもの〉としての事象性カテゴリーや〈規定されうるもの〉としての感覚印象が，そのような条件として理解される限りにおいて，いかなる役割や本質がこれに帰されるべきかという考察は，少なくとも可能である。そしてそのような考察の手がかりとして本稿が着目するのが，ドゥンス・スコトゥスの存在論と認識論である。

3. 事象性とその内在的様態としての強度

多くの研究者が指摘するように，「内在的様態（modus intrinsecus）」という概念は，スコトゥスの形而上学において鍵を握る概念である（cf. Honnefelder 472f., 八木 1, 山内 96f.）。それがどのように理解されるべきであるかを正確に把握するのは困難であるが，少なくとも，「ens（有るもの）の一義性（univocatio）」（*Ord.* I, d.3, p1, q.3, n.130）というスコトゥス形而上学の中心テーゼの説明において，重要な役割を担っていることは確かである。

スコトゥスによれば，ens という概念は，有限なものと無限なものとに共通に，それらの何であるか（quid est?）という本質を表す「〈何性〉的概念（conceptus 'quiditativus'）」であるが，その共通性は，類概念が持つような共通性ではなく，また ens を有限なものや無限なものへと「限定する概念」も，種差の概念ではない（*Ord.* I, d.8, p.1, q.3, n.136）。これらの「限定する概念」は，ens という「限定される概念」の内在的様態を表示しているのであって，ens を構成する事象性を表示するものではない（*ibid.*）。内在的様態とは，類に加わる種差のような仕方で物の性状を決める規定ではなく，また事象性とは異なり，それが「何（quid）」であるかを問うことはできず，しかしそのように問われるものの「どのような（quale）」を示している〈在り方〉である（cf.『存在の

一義性』75, 註 97, *Ord.* I, d.8, p.1, q.3, n.136)。ens が被造物と神を通じて一義的であることが可能であるのは，有限性と無限性がそのような内在的様態であるからにほかならない．つまり，ens は有限なものと無限なものとに共通の本質であるが，有限性と無限性は，ens の内在的様態として，「完全性の度合い（gradus perfectionis）」（*Ord.* I, d.3. p.1, q.1-2, n.58）において区別されるにすぎない．それゆえに，「無限的 ens」という概念は，基体と性状との結合から成る概念なのではなく，無限性という特定の完全性の度合いにおける基体そのものの概念にほかならない（*ibid.*）．このような「内包量としての ens」（Honnefelder 472）という考え方を通じてスコトゥスは，神を超えた上位概念として ens を措定せず，しかもまた，単純者としての神の概念を複合的なものとして理解してしまうことがない仕方で，「ens の一義性」というテーゼを確立しようとした．

　スコトゥスはこの内在的様態という考え方を説明するために，同じ事情が当てはまる事象性とその「強度（gradus intensionis）」（*Ord.* I, d.3. p.1, q.1-2, n.55）との関係を論じる．スコトゥスにおいて事象性は多義的であるが（cf. Grajewski 78-80），概略的には，或る事象（res）を構成する不可分の要素でありつつ，それ自体は 1 つの事象であるわけではないもの，としてひとまずは理解されうる（cf. Grajewski 80）．そこでたとえば，「白さ（albedo）」という事象性について考えてみると，「強い白さ（albedo intensa）」は，「可視的な白さ（albedo visibilis）」のように偶有性によって規定された概念を表示しているのではなく，「強さ（intensio）」とは，白さそのものの「内包量（gradus intrinsecus）」を表示しているにすぎない（*Ord.* I, d.3. p.1, q.1-2, n.58）．つまり，「可視的な白さ」の場合は，「白さ」という事象性に「可視性」という別の事象性が加わることによって限定が行われ，単なる「白さ」とは異なる新しい事象性（「可視的な白さ」）が成立する．これに対して「強い白さ」の場合は，「強さ」それ自体は「白さ」に付け加わる事象性ではなく，「白さ」そのものに内在する様態にすぎない．それゆえに「強い白さ」においては，別の事象性が加わることによるのではない仕方で限定が行われ，したがって，「白さ」とは異なる新しい事象性が成立するわけでもないということになる．

以上のように，スコトゥスはensや事象性を内包量として理解し，この同じ理解が，ヴォルフに継承される（cf. Honnefelder 378）。ヴォルフによれば，事象性はそれ自体は非限定的であり，その度合いが限定されることによって，単純性が損なわれることなく有限の事象性となりうる（*Deutsche Metaphysik*, §106）。また別の箇所では，度合いとは，「それによって質が，その同一性を保持しながら異なるものでありうるところのもの」と定義され，それは「質の量」であると言い換えられる（*Philosophia prima*, §§746-747）。さらにバウムガルテンにおいても，たとえば無限性の概念について，「最大の度合いの事象性」（*Metaphysica*, §261）という規定が与えられており，事象性の概念が内包量とともに引き継がれていることが見て取られる。そのために，Longuenesse [1998] も指摘する通り，「知覚の予料」におけるカントの試みの新しさは，内包量としての事象性という考え方そのものにあるわけではない。カントの貢献は，内包量を伴う事象性を現象の質料として，つまり現象的事象性として，感覚印象に関係づけて捉えようとした点にあると言える（cf. Longuenesse 313）。そこで最後に，スコトゥスにおける内包量としての事象性という考え方と認識様態の区別（直観と抽象）との連関を確認したうえで，〈経験的直観の質料としての感覚印象が内包量を持つ〉というカントのテーゼ（SC_1）がどのような「事実」の洞察として理解されうるのかを考察したい。

4. 感覚印象の超越論的本質と内包量

　スコトゥスは直観と抽象との違いを，事象性の内在的様態とのかかわり方の違いによって説明する（*Ord.* I, d.8, p.1, q.3, n.138）。

　　もし白さが第10度の強さ（decimus gradus intensionis）にあるならば，その白さは，事象としていかにあらゆる点で単純であろうとも，そのような強さを持つ白さという規定（ratio）のもとで把握されうるのであり，その場合には，その白さは事象そのものに適合した概念（conceptus adaequatus）によって完全に把握されること

になる。あるいはその白さは，単独で〔強さの様態から切り離されて〕白さという規定のもとに把握されることも可能であり，その場合には，事象の完全性に及ばない不完全な概念によって把握されることになるだろう。しかし不完全な概念は，その白さと他の白さとの共通概念でありうる。そして完全な概念は，固有概念である。

このように区別したうえでスコトゥスは，内在的様態としての強度をも捉えた完全な固有概念を得る働きが直観であり，内在的様態を捨象した不完全な共通概念を得る働きが抽象的な知解（intellectio abstractiva）であると考える[11]（cf. *Ord*. I, d.8, p.1, q.3, n.142）。カントにおいてはもちろん，感性的直観と知性的概念は現象の認識において相即不離の働きであり，各個に成り立ちうるスコトゥスの直観的認識と抽象的認識の関係のように捉えることはできない。しかしスコトゥスの考え方に照らすならば，ヴォルフやバウムガルテンなどの理性主義的な考え方において失われていたものが，カントにおいて形を変えて取り戻されるという状況が見えてくる。

第2節において確認したように，感覚印象として与えられたものを知性的概念のもとで現象的事象性として認識するという働きには，特有の二重構造が備わっている。そこでこれを，スコトゥス的な用語法に従って捉え直してみる。

現象的事象性の認識においては，一方では感覚印象によって，事象の〈どのようであるか（quale est?）〉が表象される。ハイデガーが指摘する通り，「人間はいまだかつて，〈何か（Etwas）〉や〈何であるか（Was）〉を感覚したことはない」（Heidegger 171）のであり，感覚印象がそれ自体で表象するのは，事象の〈何であるか（quid est?）〉という概念的規定（形相，本質）ではなく，「超越論的な意味」における質料（A266/B322），すなわち「規定されうるもの一般」（*ibid.*）としての未

---

11) カントが対置するのは直観と概念であるが，スコトゥスにおいては直観と抽象が対比的に捉えられ，知性にはその両方の能力が帰される。また，スコトゥスにおける直観と抽象の区別の基本的な基準としては，対象の現前性や現実存在を前提としているか否か，ということが理解されている（cf. Cross 44, 山内 54）。もっともスコトゥスは，人間の直観的認識によって個体の完全な概念が得られるとは考えない（*ibid.*）。

規定な〈どのようであるか〉である。しかし他方では，それが概念的な認識へともたらされる限りにおいて，それの〈何であるか〉が規定されることになる。たとえば或る事象が持つ色彩は，その事象の〈どのような性（qualitas）〉の一部を表示しているが，それが「緋」という概念のもとで把握されるならば，この質に対して〈何性（quiditas）〉という規定が与えられる。このために，事象性は伝統的に〈何性〉と同一視されてきた（cf. Wolff, *Philosophia prima,* §243, 檜垣［1998］16, Honnefelder 457）。

ところが，汎通的規定（determinatio omnimoda/durchgängige Bestimmung）[12]という理性主義的な考え方を容認しない限り，概念による把握はつねに不完全である。というのは，知覚された色の〈どのようであるか〉のうちには，「規定されうるもの一般」という本質に基づく連続的な様態[13]，すなわち濃さや色調などの度合いが含まれており，感覚印象のこの連続量は，「規定」として本質的に非連続的な概念によっては，十全には捉えられえないからである。前節で見たスコトゥスの洞察に従えば，この度合いは，それ自体は〈何であるか〉を構成しないゆえに，その〈何であるか〉を問うことはできず，ただその〈どのようであるか〉を表示している内在的様態である。感覚印象が表象するそうした〈どのようであるか〉を，純然たる〈どのようであるか〉として，概念によって十全に把握することは不可能であり，したがってまた，これを他者に伝達したり間主観的に共有したりするということも，原理的に不可能である[14]。それは，主体によって出会われることによってのみ，つまり経験的に直観されることによってのみ，そしてその主体にとってのみ，その具体的な度合いが感受されうるような様態である。

以上のように，直観に原理としての固有性を認める超越論的哲学の

---

12) Cf. Wolff, *Philosophia prima,* §226, Baumgarten, *Metaphysica,* §148, A571f.B599f.

13) A版演繹論に従えば，直観の内容は「絶対的な一性」であり，「覚知の総合」を経るのでなければ，分節化された「多様なもの」としては表象されない（A99）。

14) もちろん，現象的事象性としての重さや明るさや熱などの度合いは，任意の概念と単位によって相対的な仕方で，客観的に計量されうる。その可能性の保証こそが，〈質の量化〉の原則としての「知覚の予料」の眼目であり，この原則が「直観の公理」に並ぶ「自然学への数学の第2の適用」（*Prolegomena*, Ak.4, 307）と呼ばれる所以である。しかし知覚経験の問題としては，感覚印象そのものの質や度合いを共有することはできない。感度を含めた認識主体の性状や状況は同一ではありえないからである。

枠組みにおいて考えるならば，感覚印象の内包量という様態は，〈規定されうるもの〉であるかぎりの直観の質料として与えられることにおいて成り立つ，という理解の余地が認められうる。もちろんこれにより，〈感覚印象は内包量を持つ〉というテーゼが正当化されるわけではない。しかし事象性を，直観の質料としての感覚印象に基づけることの意義の一端は，理解されるように思われる。事象性が感覚印象をその可能性の条件とするかぎりにおいて，この概念的規定には，直観という認識様態においてのみ保持されうる連続量の度合いが，いわばその概念の内在的様態として，つまりそれ自体は概念化されないまま内属する，という思想の可能性が開かれるのである。

参 考 文 献

Bennett, Jonathan, *Knat's Analytic*, Cambridge: Cambridge University Press, 1966.

Cross, Richard, *Duns Scotus's Theory of Cognition*, Oxford: Oxford University Press, 2014.

Falkenstein, Lorne, *Kant's Intuitionism: A Commentary on the Transcendental Aesthetic*, Tronto: University of Toronto Press, 1995.

Grajewski, Maurice J., *The Formal Distinction of Duns Scotus: A Study in Metaphysics*, Washington, D. C.: The Catholic University of America Press, 1944.

Guyer, Paul, *Kant and the Claim of Knowledge*, Cambridge: Cambridge University Press, 1987.

檜垣 良成，『カント理論哲学形成の研究――「実在性」概念を中心として』，溪水社，1998。

――，「Realität の二義性：中世から近世へと至る哲学史の一断面」，『近世哲学研究』第 19 号，近世哲学会，2015。

Heidegger, Martin, *Die Frage nach dem Ding: zu Kants Lehre von den Transzendentalen Grundsätzen*, 3. durchgesehene Auflage, Tübingen: Max Niemeyer Verlag, 1987, 1. Auflage 1962.

Honnefelder, Ludger, *Scientia transcendens: Die formale Bestimmung von Seiendheit und Realität in der Metaphysik des Mittelalters und der Neuzeit (Duns Scotus – Su árez – Wolff – Kant – Peirce)*, Hamburg: Felix Meiner Verlag, 1990.

Ioannes Duns Scotus, *Doctoris subtilis et Mariani Ioanis Duns Scoti, ordinis Fratrum Minorum Opera Omnia*, Studio et Cura commissionis scotisticae ad fidem codicum edita, praeside P. Carolo Balić, Rom, 1950ff.

ドゥンス・スコトゥス, 花井一典・山内志朗訳,『存在の一義性：定本——ペトルス・ロンバルドゥス命題註解』, 哲学書房, 1989.

Jankowiak, Tim, "Kant's Argument for the Principle of Intensive Magnitudes", in *Kantian Review*, vol.18, Issue 3, 2013, 387-412.

Longuenesse, Béatrice, *Kant and the Capacity to Judge: Sensibility and Discursivity in the Transcendental Analytic of the Critique of Pure Reason*, Princeton and Oxford: Princeton University Press, 1998.

Maier, Anneliese, *Kants Qualitätskategorien*, Berlin: Pan-Verlag Kurt Metzner, 1930.

Rosefeldt, Tobias, „Dinge an sich und sekundäre Qualitäten", in Jürgen Stolzenberg (Hg.), *Kant in der Gegenwart*, Berlin : Walter de Gruyter, 2007, 167-209.

八木 雄二,「ドゥンス・スコトゥスにおける「内的固有の様態」modus intrinsecus の説」,『ボナヴェントゥラ紀要2』, 東京ボナヴェントゥラ研究所, 1985, 1-16。

山内 志朗,『存在の一義性を求めて——ドゥンス・スコトゥスと13世紀の〈知〉の革命』, 岩波書店, 2011。

〈公募論文〉

「生の哲学」としてのカント哲学
―― 批判哲学における「快」と「生」――

山蔦　真之

はじめに
――カント哲学と「生」――

　カント哲学を「生の哲学」と呼ぶことは,「生の哲学」という言葉の通例の意味において，違和感があるように思われる。なるほど,「生物学」において対象となる「生命」や「生物」といった意味での「生」であれば，三批判書を締めくくる『判断力批判』の後半，いわゆる「目的論」をめぐる叙述において,「有機的存在 organisirte Wesen」としての「生」が雄弁に語られている。歴史的研究もまた,「ドイツ生物学の歴史において，もっとも興味深く，これまで探求されてこなかった一章」が「1790 年から 1840 年代の後半までの生命科学の理論的基礎を構築するのに貢献した，カントの役割」[1]であると指摘していた。しかしながら，本論考が以下で扱うような「人間主体の生」,「生きている主体」の哲学ということになれば，途端にそれは，カント哲学から疎遠なものになる。「生の哲学」の系譜にある哲学者たち，例えば，主体の純粋な経験に訴えかけるベルクソンは，カント哲学における「生」を欠いた主体を批判することから，その議論を構築していたのであった[2]。カント哲学

---

1) Lenoir (1980), p. 77.
2) 「生の哲学」という名前で呼ばれる哲学の潮流は，とはいえ，多様なものである。『哲学歴史辞典 Historisches Wörterbuch der Philosophie』は「生の哲学」として，1,「実践的生」に関わる哲学（例えば Ch・クルジウス），2, 人生訓に近いようなアフォリズム集，3,

における主体とは、自然科学の世界を客観的に認識する主体であり、それは無色透明で肉体を持っていない——多くの場合そのように理解される。この理解に基づけばカント哲学は、「生」という主題から最も遠いように思われる。

以下の論考ではこのような見解に反して、「主体の生」という主題が、カント批判哲学の見えざる前提であること、とりわけ、道徳哲学と美学にとっては欠くことの出来ない概念であることを示す。カントは、おそらくは読者の誤解を避けるために「生」概念の使用を慎んだが、しかし自らの思考を自由に開陳する場においては、「生」が主体性を分析する哲学にとって中心概念であることを述べているのである。本稿では以上の目的のため、『判断力批判』と、その成立をめぐる資料を分析する。その理由は、『判断力批判』における美の分析が、人間主体の「快・不快」をめぐってなされたものであり、それはやはり「生」という問題と、密接な関係があると思われるからである。とはいえまずは、批判哲学の体系が、「生」という主題を拒否するテクストから、本稿を始めることとしよう。

1. 「生の感情」としての美
—— 『判断力批判』における「生」 ——

『判断力批判』における美の分析論、その「全体への注」においてカントは、自らの美学理論を、E・バークのそれと比較した上で、自身の試みを「美感的判断の超越論的解明 transzendentale Exposition der ästhetischen Urteile」、バークのものを「生理学的解明 physiologische Exposition」（KU. V 277）[3]と名付けている。バークの『美と崇高の起源』はカント美学の展開において、間違いなく大きな影響を与えた著作であ

理論哲学に対抗する、感情を重視する哲学（ハーマン、ヤコービ、ノヴァーリス、シュレーゲル），4，「生気論 Vitalismus」のような「生命」についての哲学，5，合理主義や主客の分裂を批判する、いわゆる「生の哲学」として知られているもの（ベルクソン、ディルタイ）。本稿で言う「生の哲学」はこの5番目の，狭義の意味での「生の哲学」として理解されたい。
　3）　カントからの引用は、通例となっている書名の略号とアカデミー版の巻数（ローマ字）・頁数を示す（ただし『純粋理性批判』はA／B版の頁数によって引用する）。なお、訳は既存のものを参考にしたが、基本的に論者による。

るものの，バークの著作の不十分さをカントはここで指摘する。それによれば，美や崇高を身体的感覚の一つとして扱うバークの説は，「心理学的観察としては美しく」「経験的人間学が好むような研究に，豊富な材料を与えてくれる」（Ebd.）かもしれないが，あくまでも経験に基づくものであり，超越論的哲学に採用することはできない。なるほど，カント自身がその体系において，超越論的哲学と経験的人間学とを峻別しているのであり，両者の混合は厳格に禁止される。そして実際のところ，良く知られるように，カントの『人間学』は具体的な，身体を持った人間の「生」や「生活」について，興味深い考察に満ちている。まさにその点において，『人間学』を批判哲学よりも高く評価するむきもあるだろう。翻って，それではやはり『人間学』から区別される「批判哲学」は，抽象的な無色の主体についての学であり，「快・不快」といった主題を扱っている場面においても，生きざる主体についての学でしかありえないのだろうか。

　しかしながらカントは，バークを批判した直後，エピクロスを援用しつつ「満足と苦痛は常に，結局のところ肉体的である」（KU. V 277）と認めた上で，その理由として次のような，「生」概念を含む一節を記しているのである。

　　なぜなら，身体の器官の感情を欠いているとき生とは，単に自身の存在の意識であり，快感や不快感，すなわち，生の力の促進や阻害の感情ではないからである。というのも，こころ Gemüt はそれ自身でもって生（生の原理そのもの）だからであり，その阻害や促進はこころの外に，しかし人間のうちに，すなわち，こころと身体との結合の中に求められなければならないからである。（KU. V 277, 8）

　快と不快とは「身体の器官の感情」であり，別様に言えば，「生の力の促進や阻害の感情」である。ただし，そのような身体の感情を欠いていたとしても，生とは「自身の存在の意識」である。なぜといって「こころはそれ自身でもって生だから」。──難解なこの一節にあって，まず興味を引くのは，快・不快が「生の力の促進や阻害の感情」と呼ばれ

ていることである。『判断力批判』が主題とする快・不快の感情は，精神のアプリオリな原則の探求である批判哲学において，表向き「身体」や「生」から切り離される。しかし実際のところ快・不快は「生の力」を反映した「身体の器官の感情」である。しかも，「こころ」それ自体もまた，実際には「生（生の原理そのもの）」なのだ。カントのこのような言明は，「生」や「身体」を持たないとされていたはずの批判哲学の主体もまた，実際には「生」「身体」の裏付けを持っているのではないか，批判哲学と人間学との区分は，見かけほど単純なものではないのではないか，といった疑問を抱かせる。

　このような解釈には，とはいえ，一つの異論が投げかけられることだろう。快・不快が「生」と関係づけられたとき，それはカントが「快適なものへの適意 Wohlgefallen am Angenehmen」（KU. V 205）と呼ぶ，味覚のような肉体的な快に限定されるのではないか。カントはそのような快を，『判断力批判』の分析の対象である「美への適意」からは区別していた。そうであれば依然として，美的快からは「生」という要素は排除されなければならないのではないか――。この反論は一見すると説得的である。しかしながら，『判断力批判』の第一節冒頭の文章は，やはり美の快と「生」が密接に結びついていることを証立てている。

　　何かが美しいかそうでないかを区別するために，我々は表象を悟性によって認識のために対象に関係させるのではなく，（もしかしたら悟性と結びついている）構想力によって主観と，そして主観の快・不快の感情に関係させる。（…）ここでは表象はまったく主観に，それも主観の生の感情 Lebensgefühl に，快と不快の感情の名でもって関係している（KU. V 203, 4）。

　この一節でカントは，『判断力批判』の対象とする「趣味判断」と，かつて『純粋理性批判』が扱っていた「認識判断」（Ebd.）とを区分しようとしている。趣味は認識とは異なり，表象を対象に関係づけるのではなく，主観の快・不快という状態へと関係づける。とはいえ本論にとって重要なのは，ここで，快・不快の感情が「生の感情」と言い換えられている点である。快・不快が何らかの仕方で「生」と関係すること

は，先に引いた「全体への注」における一節とも符合するだろう。そうであれば，「生」や「生の感情」といった概念は，『判断力批判』における「快・不快」の分析の，語られざる前提なのではないだろうか。——このような主張を，一つの作品におけるたった二つのテクストから導き出すのはあまりにも強引であると見えることだろう。しかしながら「生」と「快」とのつながりについてカントは，『判断力批判』に至る道程において，いくつもの思考をめぐらしているのである。以下ではそれを跡付けるために，『人間学講義』と『形而上学講義』という二つの資料へとおもむくことにしよう。

2.「快」と「生」
—— 『人間学講義』における「生」——

　研究史において古くはP・メンツァーが，近年では浜野喬士が再構成してみせたように，『判断力批判』の成立をめぐっては，さまざまな資料がカントの錯綜した思考を記録している[4]。その原因は，批判期以前のカントが，美学について体系的な思考を書き残さなかったこと，それどころか，美学が哲学体系をなすとは予想していなかったことにあると思われる。とはいえ，浜野もまた指摘するように，1770年代以降のカントは「快・不快の感情論，天才論，芸術論，共通感官論などをめぐる思索を，一連の人間学講義を中心に展開することになる」[5]。後年，『判断力批判』において整理される思考のさまざまな素材が，『人間学講義』には混在しているのである。たとえば『人間学講義』の初年度にあたる1772, 3年（冬学期）の講義録には，「快と不快の感情について」と題された章が見受けられ，そこにおいてカントは既に，『判断力批判』でも言及される快の三分割，すなわち，直接的な感覚の快，趣味の快，そして理性による快の区分に言及している。『判断力批判』が成立する20年近く前にカントがすでに，快について批判哲学と同様の三区分を行っていたことは注目に値するだろう。けれど，本論にとってより重要なのは，その後にカントが，す・べ・て・の・快・に・共・通・す・る・事・柄・として述べている，

---

4) 浜野（2014），Menzer (1952)。
5) 浜野（2014）54頁

以下の一節である。

> 我々は様々な種類の快と不快を示した。問題となるのは，快と不快の区別がどこに成立するかである。結局のところあらゆる快・不快は感情に関係しなければならないのだから，我々はまず感情に言及し，満足と苦痛の原則を探求したいと思う。我々がそこに見つけるのは，生全体の感情 das Gefühl des ganzen Lebens が，快を与えるものすべてを含みこんでいることである。あらゆる器官は，そのメカニズムによって最大の活動性に置かれたとき，生全体を感受するのである。それは趣味にあっても同様である（Anthropologie Parow. XXV, 367）。

快は，それが何によって産出されたのかに関わらず，すべて「生全体の感情」として理解される。同様の思考は，1774，5年の人間学講義においても述べられている。

> これらの満足が互いに異なっており，あるものは理念的で，あるものは感覚的であるとしても，我々はそれらを一緒にして比較し，総量に取り入れるのである。その原因は，あらゆる満足が生に関係しているからにほかならない。生とは統一であり，その限りですべての快がそれを目指しているところものであり，その点で快はすべて同じである。快の起源がなんであるのかは関係がない。（Anthropologie Friedländer. XXV, 561）

カントはこれらの人間学講義において既に，快が単に感覚からだけではなく，知性や理念からも発生することに言及している。しかしながらそれでも，すべての快は共通して「生に関係」しているのであって，その際，「快の起源がなんであるのかは関係ない」。――『判断力批判』における「生」への言及の背景には，こうして，あらゆる快はつまるところ「生」に関係するのだ，という発想があったことが確認される。

とはいえ，『判断力批判』そのものは語ることのない「快」と「生」との関係は，どのような論理によって可能となっているのだろうか。な

るほど，外界から肉体への刺激によって発生する感覚的な快が「生」と関わりをもつことは比較的容易に首肯することが出来る。けれど趣味や，さらには（そのようなものが本当にあるのかは別として）理性の産出する快が「生」の感情であるとはどのような事態であるのだろうか。すぐれて精神的な働きと思え，まさにそれゆえに批判哲学の分析の対象となった美的判断が，どういった意味において「生」と関わるのか。こういった疑問に導かれ，我々は次に，1770 年代に行われていたカントの『形而上学講義』へと向かうこととなる。

3. 精神の自己活動性としての「生」
——『形而上学講義』における「生」——

　形而上学についてなされた諸講義もまた，後の美学へと引き継がれる材料を多く含んでいる。その理由は，伝統的に形而上学の一分野であった「心理学」が魂の諸能力を主題としており，そこには後に判断力へと展開される「快・不快の能力」の分析が含まれているからである。1770 年代後半とされる『形而上学 L1』[6]においてもカントは，美の問題を「快と不快の能力」と題された章で取り上げる。そこではまず，「論理的完全性」と「美的完全性」という区別がなされた上で，前者は認識に，後者は感情に，すなわち趣味に関わるのだという整理がなされる。「論理的完全性は私の認識が対象と一致したときの完全性であり，美的完全性は私の認識が主観と一致したときの完全性である」（Metaphysik L1. XXVIII, 247）。「完全性」という伝統的形而上学の用語が使われながらも，しかし，認識は客観に関わり，美は主観に関わるという，後年に登場する区別が先取りされている点が，カントの思考の発展という観点からは着目されるべきことがらであるだろう[7]。しかし，本論にとってより興味深いのは，認識と美とを区別した直後にカントが，快・不快の問題とのつながりで「生」に言及することである。「我々は表象から

　6）　形而上学 L1 の年代については諸説あるものの（カント（2002）301 頁以下参照），最近の研究では 1770 年代後半として考えることが通例と言えよう（Wuerth(2014), p. 37.）。
　7）　たとえば浜野（2014）はこの区別をもって，カント美学の「主観性への展開」と捉えている（48 頁）。

行為する内的な原理を持っているのであり,それは生である。ある表象が心のすべての力,生の原理と一致したとき,それは快である」(Ebd.)。「快」が「生」によって規定されるため,美もまた,この「生」という原理に従って規定される。「これに従って対象は,それ自体においてではなくて,生きている存在 lebende Wesen との関わりにおいて美しかったり醜くかったりする」(Ebd.)。客観ではなく主観と関係することによって表象は美の快を産出するという主題が,『形而上学講義』においては,表象が「生」と関わることで美の快を産み出すと言い換えられるのである。

　『形而上学講義』における「生」の概念には,既に幾人かの研究者が注目している。H・ケイギルは本論文と同じように,『判断力批判』から『形而上学L1』へと辿ることが出来る「生」概念と美的快との連関を指摘し,それを「カント哲学をつらぬく断層」[8]と呼んでいる。ケイゲルはこの連関をさらに,1780年代から90年代の形而上学講義(『ムロンゴヴィウス形而上学』,『形而上学K2』,『ヴィギランティウス形而上学』)にも辿ろうと試みるが,次のように結論付けている。「生と美的快についてのカントの見解は,〔形而上学L1に〕続く『形而上学講義』における経験的心理学への言及において,実質的に発展した跡を見せていない」[9]。そして,最終的にケイゲルの判断によれば,「カントの最後の著作においても,そして,カントの最も鋭い直観にも関わらず,快の経験とその生概念への連関は,十分には答えられることの出来なかった問いにとどまったのである」[10]。ケイゲルの解釈を引き継いでR・ウィルソンは,いくつかの形而上学講義においてカントが,「生」概念によって魂と肉体との結びつきを強調している事に注意を向けている[11]。たとえば,一七九〇年代初頭とされる『形而上学K2』では「魂と肉体の相互作用 commercium」が語られ,「生において魂と肉体の間の相互作用は最も密接である」(Metaphysik K2. XXVIII 758)と言われている。なるほどカントは「肉体は動物的生の根拠であるが,精神的生の根拠ではない。死

---

8) Caygill (2000) p. 82.
9) Caygill (2000) p. 86.
10) Caygill (2000) p. 90.
11) Wilson (2007), Chapter 4.

はそれゆえ，あらゆる障害からの生の原則の解放である」(Metaphysik K2. XXVIII 765) として，魂の生が肉体とは関わらないことを認めているようにも見える。しかし直後に言われるように，魂は肉体と結びつくことで初めて「生のおこない actus des Lebens」(Ebd.) をなすことができる。「魂が生きていることは生のおこないでなければならず，それは肉体との結びつきにおいてしか起こり得ない。魂それ自身は生のおこないを遂行することができず，その行為は常に肉体の変化に伴われていなければならない」(Ebd.)。ウィルソンもまた，これらの肉体や生をめぐるカントの思考が，『判断力批判』に連続的であることを認めている。

人間学においてだけでなく，形而上学という，こう言ってよければ，最も「生」や「肉体」から遠いように思われる領域において「生」が語られたとき，その「生」とは何を意味しているのだろうか。『形而上学 L1』は「生」について，次のような定義を与えている。

> 生とは自己活動性 Selbsttätigkeit の内的原則である。この内的原則に従って行為する生きた存在は，表象に従って行為しなければならない。生にはそれを促進するものと阻害するものがあるが，生の促進の感情が快であり，生の阻害の感情が不快である。それゆえ，快は活動性の根拠であり，不快は活動性の阻害である。快は欲求 Begehren に存し，不快は忌避 Verabscheuen に存する。(Metaphysik L1. XXVIII, 247)

「生」とは「自己活動性」の原則である——これが「生」に対して与えられた定義である。「自己活動性」，すなわち，心的表象に従って行為するという原則は，そのまま快・不快と連関する。表象に従った行為を促進するものが快の感情であるなら，妨げるものが不快の感情である。「生」とは主体が行為することであり，その行為を促進するか阻害するかによって快・不快が産まれる。このような「生」の定義，および，快・不快との連関は，それほど理解が難しくはないように思える一方，自明の事柄であり，そこには何の哲学的な含意も込められていないように見える。また，なぜ形而上学において「生」が語られなければならないのかという問いにも，回答が与えられていないように思われる。

しかしながら直後の一節は，カントがこの「生」と，そして「自己活動性」について，より広い哲学的な文脈においてそれらを理解していたことを示す。

> この生には三種類のものがある。
> 第一に動物的，第二に人間的，そして第三に精神的生である。
> それゆえ，三種類の快がある。動物的快が成立するのは私的感官の感情においてである。人間的快は感覚的判断力を通じた，普遍的感官の感情である。この感情は中間的なものであり，感性の理念を通じて認識される。精神的快は理想的なものであり，悟性の純粋な概念を通じて認識される。(Metaphysik L1. XXVIII, 248)

言及されている「三種類の快」が『判断力批判』における，快適なもの・美・善に向けられた「三種類の適意」を先取りしていることは，一見して明らかであろう。本稿は先に，1772, 3年の『人間学講義』においても，快が同様の三区分を受けていることを確認した。しかしこの一節ではさらに，快適なもの・美・善の快が，それぞれ，動物的生，人間的生，精神的生という，「三種類の生」に割り当てられている。生が「自己活動性」として捉えられた時，「動物的生」とは肉体の快・不快と結びつけられるような，身体の自己活動性であることだろう。これに対して，美や善と結び付けられる二つの生，「人間的生」と「精神的生」は，精神の自己活動性であると理解されなければならない。そして，精神の自己活動性，自発性とは，カントがその批判哲学の全体において究明しようとしていたものであった[12]。

---

12) 三種類の快を生と結びつける整理は，人間学への遺稿（レフレクシオーン）においても見つけることができる。「生の感情を促進し，大きくするものの全てが快適なのであり，このことは動物的，人間的，精神的生に当てはまる。一つ目の快は感覚に，二つ目は直観や現象に，三つ目は概念に存する」(Reflexion. 567. XV 246)。「生の感情」と，『判断力批判』における快との連関については，既に幾人かの研究者が目を向けている。たとえばB・レッキは「生の感情」を，美的判断の特色である心的能力の「自由な遊び freies Spiel」と結びつくものだとして，『判断力批判』の不可欠な要素と認めている (Recki (1998), S. 396, Recki (2001), S. 174. Recki (2008), S. 200.)。反対にザンミートは『判断力批判』の，とりわけその成立にとって「生の感情」がそれほど重要でないと考える。ザンミートは「生の感情」を，肉体的刺激を含む「感性的快」と理解し，それとは異なる「知性的快」として「精神の

『実践理性批判』序論における脚注でカントは,「欲求能力 Begehrungsvermögen」と並んで,「生」や「快」についても定義を与えている。それによれば「生とは,ある存在の欲求能力の法則にしたがって行為する能力」(KpV. V 9) であり,「快とは対象や行為が生の主観的条件と一致することの表象である。生の主観的条件とは,対象の実在にかんして表象が持っている原因性の能力(あるいは,対象を産出する行為に向かう主体の力の規定)である」(Ebd.)。ここでもやはり,カントは快と生とを連関して語っていることが確認される。これらの定義はカント自身が認めるように「形而上学から借用された」(Ebd.) ものであって,事実,本稿が確認してきたように,カント形而上学講義で語られている「自己活動性」という生の定義と一致するだろう。さらに,同じ箇所でカントがほのめかすように,欲求能力と関係する快には,二種類のものがある。「快が欲求能力に対して常に根拠になっていなければならないか,あるいは,ある条件では,欲求能力の規定のみから帰結するのかは,こういった〔欲求能力の定義の〕説明によっては決定されないままである」(Ebd.)。意志の決断に先立って感じられ,「欲求能力を規定」する快は経験的・動物的なもの(傾向性)である。これに対して「欲求能力の規定」から,すなわち,意志の決断に続いて自己産出される快とは精神的な快であり,その快は尊敬の感情とも呼ばれる。これら二つの快に加え,『判断力批判』冒頭では,美の快もまた生の感情の内に包摂される。こうして,『人間学講義』／『形而上学講義』に辿られた快と生の三区分は,批判哲学においてもその底流において,脈々と体系全体を貫き流れていることが確認されるのである[13]。

感情 Geistesgefühl」の存在を主張する。後者こそが,批判哲学における尊敬の感情や崇高の感情に連なるものであり,批判哲学の成立にあってはむしろ重要視されなければならない (Zammito (1992), .296-301.)。本稿が着目した快の三分割は,ザンミートよりもレッキの解釈を支持するだろう。ザンミートに対しては,「生の感情」が「感性的快」だけでなく,尊敬の感情である「知性的快」をも含みこむ概念であることが指摘されなければならない。

13) B・ロングネスは,『実践理性批判』序論で語られる快と『判断力批判』の語る美の快が,共に「生の感情」でありながらも,二つの「生」が異なる内容であるという指摘をしている。第二批判の語るような欲求能力と関わる「生」とは,個別の存在が持っている「生」,動物的な「生」と理解することができる。これに対し,第三批判における美の快であるところの「生の感情」とは「精神の生の感情」であり,そこでの「生」とは,「判断する諸主体の普遍的共同体の生」である。対象を産出せずとも,その表象のみから快を受け取る「生」とは,肉体ではなく「精神の生」なのであり,さらにその「精神の生」は,美の快が普

おわりに
――「生」概念の連続性――

　批判哲学においてカントが「尊敬の感情」と呼ぶことになる善への快や，美の快をめぐる思考の源流には，こうして，「生」や「自己活動性」と快とを結びつけるカントの発想があった。本論考が冒頭に引いた『判断力批判』の「こころはそれ自身で生だから」（KU. V. 277, 8）という言及は，精神の自己活動性を「生」と規定していた 1770 年代のカントの思考が，再び前景に現れたものと理解すべきだろう。たしかに『純粋理性批判』が執筆された際に，生の概念が一旦は批判哲学から削ぎ落とされたことは認められなければならない。『純粋理性批判』において「生」は，「要請 Postulat」であるところの「来世 ein künftiges Leben」という用語にほぼ限定され，主観や統覚の「生」といった主題は登場しない。経験的なものを排した「純粋」な哲学を語ろうとしたとき，「生」という言葉はそこではふさわしくないという認定を受けたのであろう。『純粋理性批判』における「純粋」な哲学とは，欲求能力や快・不快の能力を含まない，その意味では無色透明の主体を扱った哲学であった。ベルクソンがカント哲学を非難した時，その批判は何よりも『純粋理性批判』に向けられていたのであった。

　とはいえ，『純粋理性批判』にあっては倫理学そのものが，それが「快と不快，欲求や傾向性」（Ebd.）を扱わなければならないからという理由で，「超越論的哲学には属しない」（KrV B 28, 9）という認定を受けていた。美学もまた，そこにアプリオリな原理を見つけることはできないとカントが長いあいだ考えていたことが知られている。後年，まず

遍的な伝達性を有していることから精神の「共同体の生」でもある。「普遍的な精神の共同体」という背景を持っている点において，美的快と結びつく「生」は，ヘーゲル哲学の「精神」とも共通したところを持つ。――そのようにロングネスは論じている（Longuenesse (2005), p. 270, 1）。本論文と共通点の多い解釈であるけれども，ロングネスは本論がカントの諸講義に辿った快と生の三分割に注目していない。欲求能力と関わる「生の感情」は必ずしも，動物的な生の感情だけではなく，道徳的理性が自己生産する「生の感情」（尊敬の感情）でもありうる。そのためカントにおいては，後のロマン主義におけるように，美的快のみが特権的に「精神の生」への道筋を作るのではなく，美的快と並んで道徳的快が，精神の自己活動性の産物となっている。

は実践哲学が，さらには美学が批判哲学へと組み込まれた時，「生」概念もまたカントの思考へと回帰したのである。そうであれば『純粋理性批判』における「生」の欠如は，カント哲学においてむしろ一時的な現象であったと理解されなければならない。──この結論が認められるのであれば，『純粋理性批判』だけに依拠した，カント哲学における生の欠如と「生の哲学」におけるその復権という哲学史観に代わって，カント哲学自体のうちに生という主題の連続性を見ることが許されるだろう。「生」は，「快」と並んで，哲学において思考が幾度も連れ戻される概念であり，近代合理主義がそれを見失ったと容易に断定することはできない。カント哲学もまたある仕方によって，人間の「生」を捉えようとしていたのであった。

参考文献

カント『カント全集19 講義録Ⅰ』岩波書店，2002。
浜野喬士『カント『判断力批判』研究』作品社，2014。
Caygill, Howard. Life and Aesthetic Pleasure, in: Andrea Rehberg and Rachel Jones (ed.). *The Matter of Critique. Readings in Kant's Philosophy*, Clinamen Press 2000, p. 79-92.
Lenoir, Timothy. Kant, Blumenbach, and Vital Materialism in German Biology, in: *Isis: A Journal of the History of Science* 71:77-108, 1980.
Longuenesse, Béatrice. *Kant on the Human Standpoint*, Cambridge UP 2005.
Menzer, Paul. *Kants Ästhetik in Ihrer Entwicklung*, Berlin 1952.
Recki, Birgit. Das Schöne als Symbol der Freiheit, in: Parret, Herman (ed.), *Kant's Aesthetics*, Berlin 1998, pp. 386-402.
──. *Ästhetik der Sitten*, Frankfurt am Main 2001.
──. Die Dialektik der ästhetischen Urteilskraft und die Methodenlehre des Geschmacks, in: Höffe, Otfried (Hg.), *Immanuel Kant. Kritik der Urteilskraft*, Berlin 2008, S. 189-210.
Wilson, Ross. *Subjective Universality in Kant's Aesthetics*, Peter Lang 2007.
Wuerth, Julian. *Kant on Mind, Action, and Ethics*, Oxford UP 2014.
Zammito, John, H.. *The Genesis of Kant's Critique of Judgment*, Chicago UP 1992.

〈公募論文〉

『判断力批判』における
自然の体系的統一と合目的性

渋川　優太

はじめに

　カントの『判断力批判』の本論では，「目的なき合目的性」としての美や「自然目的」としての有機体についての議論が展開される。この議論において重要な役割を演ずるのが「反省的判断力」であり，判断力の反省の原理である「合目的性」であることは周知の通りである。この反省的判断力と合目的性について一般的な説明がなされるのは「序論」である。ただし，「序論」（「第一序論」含め）ではそれらがそれとして定義的に説明されるというより，むしろ人間の経験において人間に課せられたある課題を考察することを通じて，反省的判断力と合目的性の役割と意義が明確にされる。その課題とは「経験的諸法則のおそらく無限の多様性を含む自然の知覚から一つの連関する経験を形成するという課題」（V 184）[1]であり，つまり，経験の対象としての自然に関して「単なる経験的諸法則のもとでのこのような［あまねく連関するような］体系的統一」（ebd.）を見出すことである[2]。小論が目指すのは，この課題との

---

　1) カントの著作からの引用はアカデミー版カント全集の巻号（ローマ数字）とページ数（アラビア数字）を記すことで典拠を示す。ただし，『純粋理性批判』についてはオリジナル版第1版（A）と第2版（B）のページ数を記す。
　2) 小論は確かに「体系的」な統一に関わる。しかし，小論4節で明らかになるよう

関連で捉えられる反省的判断力と合目的性の内実を明らかにし，この課題の遂行によって現れる自然の体系的統一の姿を明確にすることである。

　ところで，この課題が想定している事態はどのようなものであろうか。カントが「自然の経験的諸法則，およびその作用の種的な差異は非常に大きいものでありうる」（V 185）と述べるとき，天才達の活躍した17世紀を経てさらに多様化していく自然科学の諸理論（化学，磁気，電気等々）が念頭にあるであろう。そうだとすれば，「自然における特殊から普遍へとのぼる責務をもつ反省的判断力」（V 180）がおのれの責務を果たした実例は次のことである。「ガリレイが放物曲線の確定と並んで，物体の自由落下と斜面での運動の観察から始め，ケプラーにおいて火星軌道の経験的確定が，ホイヘンスにおいて遠心運動の諸法則と振子運動の諸法則が加わり，最後にニュートンにおいてこれらすべての特殊な契機が総括され，この総括において宇宙の全体系を包括することが可能だと示される」[3)]。つまり，別世界における作用の契機として研究されてきた「地上」における物体の運動と「天界」における天体の運行が，「宇宙全体」にわたる法則において包括された。ここに，反省的判断力が特殊から普遍へとのぼり，自然に一種の体系的な統一をもたらしたことが見てとられうる。それではこのことと，「合目的性」（「目的に適っていること Zweck-mäßig」）とは何の関係があるのか。これが小論の問いである。

　従って，まずは反省的判断力の原理として合目的性が導入される意味が問われる。その上で，合目的性を原理とする反省的判断力によってなされる自然の体系的統一の姿を問う。結論からいえば，合目的性を原理とする反省的判断力による自然の体系的統一は，人間に偶然的に与えられる自然の多様性の観察から，経験的に組み上げられていくものである。以下，これを示す。まず，反省的判断力の原理として合目的性が導

に，ここでの体系は，体系全体の理念を根拠とするような「建築術的 *architektonisch* 統一」（A 833/B 861）ではなく，むしろ偶然的なものから組み上げられるもの（『純粋理性批判』の言葉を使えば，「技巧的 *technisch*」（ebd.）な統一）であるから，体系と結びつけられることの多い「建築術 Architektonik」には，少なくとも直接的には結びつかない。Vgl. A 833f./B 866f..

　　3)　Ernst Cassirer, *Kants Leben und Lehre*, Berlin 1918, S. 311.

入される背景を探る。そのために，特殊から普遍にのぼる反省的判断力の「反省」が，知覚表象からの概念の論理学的な「抽象」ではないことを示す（1節）。次に，自然の「合目的性」に関する「目的」の意味を明確にする。その際，「技術」を手がかりとする（2節）。そして，その「目的」との連関で捉えられる反省的判断力が目指すところを明らかにする（3節）。最後に，その上で理解される「合目的性」と「自然の体系的統一」との関係を示す（4節）。

1 「反省」とその前提

この節が目指すのは，カントにとって「反省」がもつ意味を明確にすることである。反省的判断力に関しては，「特殊だけが与えられ，判断力がその特殊に対して普遍を見出すべきであるときには，判断力は単に反省的である」（V 179）と述べられる。この節では，このときの「反省」が単に，個別的な知覚表象からの普遍的な概念の「抽象」を意味していないことを示す。これを示すことによって明らかになるのは，反省的判断力の根底には，カントの「沈黙の十年」より続くある問題，つまり「われわれのうちで表象と呼ばれるものが対象へと関係するのはいかなる根拠に基づくのか？」（X 130），つまり，表象と対象との関係についての問題が潜んでいることである[4]。

カントが「特殊に対して普遍を見出す」と述べるのを見るとき，哲学史的に先行するライプニッツの表象の明晰判明さの度合いに関する理論やロックの抽象観念と一般名辞に関する理論が想起され，そこでは個別の知覚表象から普遍的な概念を見出すことが考えられていると思うかもしれない。しかし当然ながら，ライプニッツ的合理主義にせよロック的経験主義にせよ，個別の知覚から普遍的な概念への到達が可能となる

---

[4] この観点から反省的判断力を考察することで，この問題に関するカントの特殊な概念論が，小論2，3節で明らかになる。そして，それによって自然の体系的統一が可能になることが4節で示される。これは，規定的判断力と反省的判断力の周知の対比（vgl. V 179）に拘泥する限りは明らかにならないであろう。というのは，反省的判断力の特有性は，与えられるのが「普遍」か「特殊」かの違いには尽きないからである。小論が示す，合目的性を原理とする反省的判断力における特殊な概念論がそれを明らかにしている。

ための前提は決して軽くない。個別の知覚に関して合理主義的に考えれば、知覚表象は混雑した表象ではあっても物の規定を潜在的にすべて余すところなく反映するものである。あるいは逆に経験主義的に考えれば、個別の知覚からは人間に感覚可能な限りの性質を含む表象が受け取れられうる。また普遍に関しては一方では、それは物にそれ自体として内在する実在性であり、概念として判明に表象される普遍である。そして他方では、普遍は単にいくつかの知覚に共通した感覚としての性質であり、またそれを代表する名辞である。まとめると、合理主義的前提に立てば、それ自体として規定された「個別」には「普遍」が含まれ、それぞれには表象として知覚と概念が対応し、経験主義的前提に立てば、与えられる「個別」からは人間に感覚可能な限りの「性質」が受け取られ、いくつかのものに共通の感覚が普遍となり、その普遍と物そのものとの一致には重きは置かれない。カントは「反省的判断力」に関して、こういった何らかの形而上学的、あるいは心理学的前提を受け入れ、個別の知覚表象から普遍的概念を「反省」によって見出すことを考えていたのか。

　カントは確かにこういった「反省」に言及する。しかしそれは限られた文脈、つまり論理学の文脈においてである。このことは、カントがライプニッツ的合理主義あるいはロック的経験主義のいずれかの前提を引き受けたこと示すわけではなく、むしろ、両者から影響を受け、「理性と経験の結婚」[5]を標榜するヴォルフ（そしてヴォルフ学派）の論理学との関係が深い。ヴォルフ学徒であるバウムガルテンの弟子にあたるマイアーの『論理学綱要』 *Auszug aus der Vernunftlehre* を教科書とする講義用のメモをイェッシェが編集した『カントの論理学』では論理学における「反省」について次のように述べられる。「一般論理学は……単に与・え・ら・れ・た・表・象・が・思・考・に・お・い・て・い・か・に・し・て・概・念・に・な・る・の・か・を探求する。……概念のこの論理的源泉は……多くの客観に共通の表象（conceptus communis）を生じさせる反省にある。」(IX 94) ヴォルフ学派の影響下で語られる、与えられた表象から概念を形成する論理的反省は、特殊に対して普遍を見出す反省的判断力に重なるのか。そうはならない[6]。ヴォ

---

5) Christian Wolff, *Philosophia rationalis sive Logica*, ³1740 (¹1728), § 1232.
6) そもそもカントにおいては、知覚からの「抽象」によって経験的に概念を形成する

ルフ学派の論理学の前提を検討することでこれは明らかになる。
　ヴォルフ学派の論理学は，存在論と魂論 Psychologia を前提する[7]。その結果，カントがヴォルフ学派の有力な哲学者を「概念もまた事象とみなした親愛なるバウムガルテン」（XIII 238）と評したように，ヴォルフ学派の論理学は，物とその規定（個別と普遍はともに „ens" である）との対応を合理論的に保障された「概念」そのものを，魂に経験的に与えられる対象のようにして取り扱う（理性と経験の結婚！）。カントが「論理的反省は単なる比較であって，それというのもそこでは与えられた諸表象が属する認識能力はまったく無視されるし，その限りで諸表象は心の中というそれらの居場所に従って同種のものとして扱われるからである」（A 265f./B 318f.）と述べるときに，彼の念頭にあるのはヴォルフ学派の論理学であろう。そのときの論理学は，魂における表象についてのいわば存在論であり，魂における表象である限りの表象が一様に論理的反省の対象となる。
　ヴォルフ学派の論理学が存在論と魂論を前提とする限り，そこでは表象と物（とその規定）との対応が保障され，表象そのものについての反省も世界における物の規定を反映するものでありうる[8]。しかし，カント自身は論理学においてその前提を引き受けるわけではない。それゆえ，カントは，与えられた表象の論理的反省に関して，その対象としての表象は「経験から取ってこられた何かを含むかもしれないし，あるいは何か創作されたものを含むかもしれないし，あるいは悟性の本性から借りてこられたものを含むかもしれない」（IX 94）と述べる。確かに，「論理学が教えるのは，いかに与えられた表象を他の表象と比較しうるのか，そしてその表象が様々な表象と共通にもつものをメルクマールとして普遍的使用のために引き出すことによって，いかに概念を形成しうるのかである」（XX 211 Anm.）。しかし，その表象が自然における対象の表象であるかは論理学は問わないのである。つまり，「自然があら

ことは不可能だとする議論もある。Vgl. George Schrader, Kant's Theory of Concepts, in: *Kant-Studien*, Bd. 49 (1958), S. 265f..

　7)　Vgl. Wolff, Discurcus praeliminaris de philosophia in genere, §§ 89. これは上述の *Philosophia rationalis sive Logica* の冒頭に収められているものである。

　8)　Vgl. Horst-Michael Schmidt, *Sinnlichkeit und Verstand*, München 1982, Kap. II.

ゆる客観に対してなお多くの別の客観を，その客観と形式において多くを共通にもつ比較の対象として示しうるか否かに関しては論理学は何も教えはしない」(ebd.)。それゆえ，その限りでは「反省するということはすべて単に当てずっぽうで盲目的に試みられるだけかもしれない，つまり，諸表象と自然とが一致する根拠ある期待なしに試みられるだけかもしれない」(XX 212)。従って，論理的反省のみによっては少なくとも自然を体系的に統一することは不可能である。論理的反省による概念が，自然において経験的に与えられた対象を反映したものであるとは限らないからである。単に「表象」について反省することは，「自然」について反省することではない。

　ここに，先に挙げた対象と表象の関係の問題が現れる。反省的判断力が自然を反省するとき，対象としての自然と表象とが一致しなくてはならない。従って「判断力一般は，特殊を普遍のもとに含まれるものとして考える能力である」(V 179) と述べられるとき，「(反省的) 判断力の推論」(IX 132) のような判断力の単なる論理的なふるまいではなく，対象と表象の関係が問題になる。この問題に関して『純粋理性批判』においては，カテゴリーの現象への適用に際して，「悟性」と「感性」とを結びつける「判断力」には，図式が必要であった。それゆえ，自然の反省においても，感性（経験）的に与えられる自然の諸対象と悟性的な諸概念との一致が問題となるのであれば，「反省的判断力」にはそのための原理が必要となる。その原理こそが「合目的性」であることを次節で明らかにする。

2　技術における目的と合目的性

　前節で持ち上がった問題を踏まえると，「自然の与えられた諸対象についての反省の原理とは，すべての自然の諸物に対しては経験的に規定された諸概念が見出される，ということである」(XX 211) と述べられるとき，これは感性的に与えられる対象と悟性的な概念との一致を考えるための原理について述べられている。この原理に，同じく反省的判断力の原理とされる「自然の合目的性」(vgl. V 184) がいかに関係するの

か。言い換えれば,「合目的性」によって経験的(感性的)表象と概念とはいかなる関係におかれるのか。この考察に関して手がかりとするのは,カントが「反省的判断力は与えられた諸現象を,それらを規定された自然の諸物についての経験的概念のもとにもたらすために,……技術的 *künstlich* に取り扱う」(XX 213f.)と述べるときの「技術 Kunst」である。そして,技術と「目的」との関係を手がかりに「合目的性」の意味を明らかにする。

『判断力批判』において「技術」は「目的」と関連させられて言及される。例えば,「沼地を探索しているときによくあるように切り整えられた木片が見つかった場合,それは自然の産物だとはいわれずに,技術の産物だといわれる。つまり,それを産出した原因はある目的を考えたのであり,この産物が自身の形式をもつのはその目的のおかげなのだといわれる。」(V 303)ここでの論点は二つある。一つ目は,何らかの目的を思考するものが物を産出する原因であることである。二つ目は,技術の産物として産出された物は自身の形式(ここでは「切り整えられた木片」の形)を目的に負うことである。

一点目に関しては,「技術」を一般的に考えた場合,「原則的には自由による産出だけが,つまり,諸行為の根底に理性をおく随意 Willkür による産出だけが技術と呼ばれるべきであろう」(ebd.)と述べられる。このとき,技術は理性的存在者の広い意味での実践の一種である(vgl. XX 197ff.)。目的を思考する理性的存在者を原因とする物の実現が問題となる限り,それは実践に関する事柄である。しかし,「自然の合目的性」が問題となるとき,「この[自然の合目的性の]概念は実践的合目的性(人間的技術のあるいはまた道徳の)からはまったく区別される」(V 181)。なぜなら,「目的」ひいては「合目的性」が実践の問題とされる限り,それらは反省的判断力による反省ではなく,むしろ理性的存在者の随意と産出可能性に関係づけられるからである。つまり,反省的判断力は自然に対して,産出するものと産出されるものの関係に立つゆえに技術的である,というのではない。

それでも反省的判断力が「技術的」と述べられるならば,重要なのは二点目である。つまり,ある物の現実の形式が目的によって可能だと考えられる点である。この点に関しては次のように述べられる。「あらゆ

る技術は規則を前提し，この規則を基礎におくことによって初めて産物は，それが技術的と呼ばれるべきであれば，可能なものとして表象される」（V 307）。例えば，時計が時計であるためには時計の構造についての規則が前提される。この規則についてはさらに，「その規則はある概念を規定根拠にもつ，つまり，それ［産物］がどのようにして可能なのかという仕方についての概念を根底におく」（ebd.）と述べられる。従って，時計は，時計が現実にもつ自身の構造を可能にする規則と，それについての概念を前提し，そのことによって初めて技術の産物でありうる。技術との関連において「概念」をこのように捉えると，「客観の概念は，この概念が同時にその客観の現実性の根拠を含む限りにおいて，目的と呼ばれる」（V 180）と述べられるとき，この「目的と呼ばれる概念」の意義が明らかになる。ここでの「客観の現実性の根拠」とは，ある産物が「どのようにして可能なのかという仕方」，言い換えれば，その産物を現実のものとして可能にする「規則」を意味し，そういった規則を含む限りで，概念は「目的」と呼ばれるのである。

　それゆえ，この限りでの「目的」とは，「例えば家は確かに，家賃として収入になる金銭の原因ではあるが，逆にこの可能な収入の表象が家の建設の原因であった」（V 372）といわれるときのように目的因的に理解されるものではない。先の例でいえば，時計の目的が時刻を知らせることであるというような仕方で「目的と手段」の関係において理解されるものではない。（また，技術の実践的側面は捨象されているから，作用因，つまり随意の規定根拠とも考えられない。）時計の概念が時計の構造の規則の概念である，つまり，「概念が同時にその客観の現実性の根拠を含む」ことは，あえて四原因説的にいえば，概念の物に対する形相因的関係と理解できる。「この産物が自身の形式をもつのはその目的のおかげなのだといわれる」とはこの意味において理解され，その産物が現実にもつ形式は目的と呼ばれる概念を前提し，その概念によって可能であるものと考えられる。従って，その産物は単に現実であるというより，むしろその目的のエネルゲイアないし実現である。つまり，目的と呼ばれる概念は現実の産物の「それが何であるか」を規定するものであり，その産物がそれとして現実であるためになくてはならないものである。時計がもつべき構造をもたない時計はありえず，その構造の規則を規定

する概念が目的である。

　この「目的としての概念」の意味に従って「合目的性」を理解する。つまり，合目的性に関して，「諸物の次のような性質に，つまり目的に従ってのみ可能な性質に，ある物が一致していることがそれら諸物の形式の合目的性と呼ばれる」（V 180）と述べられるとき，ここでの「目的」を技術における「概念」として理解する。このとき，「目的としての概念」が含む「客観の現実性の根拠」である規則を，ある物が現実にもつことが「合目的性」と呼ばれていることがわかる[9]。このことをこの節の最初の問題に立ち返って考えると，感性的に与えられる対象と悟性的な概念との一致は，技術における産物と目的の関係によって捉えられ，この一致が「合目的性」と呼ばれる。この合目的性のもとでは，自然において与えられた客観に関して，その現実性の根拠となる「目的としての概念」があると考えられ，客観に対して一致した概念があると考えられる。反省的判断力が技術的であるのは，この意味での合目的性を原理とする限りにおいてである。

3　反省的判断力と目的としての概念

　前節では，反省的判断力の原理としての合目的性においては，対象と概念の一致が「目的としての概念」によって技術における産物と目的との関係として捉えられることが明らかになった。これは目的としての概念のいわば形式的側面を示す。本節では，目的としての概念の内容を考察する。つまり，単に「技術」ではなく，「自然」について反省する反省的判断力にとって，目的としての「概念」が意味するのは何かである。

　目的としての概念は「客観の現実性の根拠」を含み，この限りで，悟性による客観の単なる思考に関わるだけのものではない。まずは，悟性

---

　9)　「合目的性」を技術によって捉えることは合目的性をデザインに準じて理解することに似ている。例えば，Hannah Ginsborg, Kant on Aesthetic and Biological Purposiveness, in: Andrews Reath, Barbara Herman, Christine M. Korsgaard (Hrsg.), *Reclaiming the History of Ethics*, Cambridge University Press 1997, S. 331.

の思考に関わる限りでの概念，言い換えれば，「概念は決して直接には対象へと関係させられない」(A 68/B 93) と述べられるときの概念について確認する。カントは次のように述べる。「あらゆる概念は，様々な可能的諸表象の無限の集まり Menge に（それら諸表象に共通なメルクマールとして）含まれる表象と考えられなければならない，従って，それら諸表象を自身のもとに unter sich 含む表象と考えられなければならない」(B 39f.)。ここでは，様々な表象に部分的に含まれる共通のメルクマールとしての概念が考えられている。例えば，犬の表象には四足獣の概念が含まれる。このとき，四足獣の概念は確かに犬の部分的な特徴を表す。しかし，四足獣であることは犬の特徴すべてではない。また，四足獣であるのは犬だけではない（例えば馬），つまり，四足獣の概念が自身のもとに含むのは犬の表象だけではない。この限りで概念は，他の表象に，その部分的特徴として含まれ，またそれとは別の様々な表象を自らのもとに含む。この点に関しては，「様々な諸表象が一つの概念のもとにもたらされるのは分析的にである」(A 78/B 104) と述べられ，この限りで概念は「分析的普遍」(V 407) と呼ばれる。

　先に述べたが，こういった概念は「決して直接には対象へと関係させられない」。ただし，「犬の概念が意味するのはある規則であって，その規則に従って私の構想力は四足獣の姿を普遍的に描き出すことができる」(A 141/B 180) と述べられる場合，確かに犬の概念は，四足獣として認識される犬の現実性に関わる。つまり，「概念にその形象を供給するための，構想力の普遍的手続き」(A 140/B 179f.) の表象としての図式が，概念に付け加わる場合である。確かに，「判断力のこの［概念のもとへの対象の包摂のための形式的］条件（図式）が欠けるとしたら，あらゆる包摂は消え去る」(A 247/B 304)。しかし問題であるのは，判断力の「包摂」ではなく，「反省」であり，「図式」ではなく，反省の原理としての「合目的性」である。それゆえ，反省的判断力にとって概念は，それ自体としては単なる思考に関わり，図式が付け加わることによってのみ対象の現実性に関わりうるような，対象のメルクマールとしての分析的に普遍的な抽象的概念ではない。

　問われるべきは，客観の単なる思考だけではなく，「同時に客観の現実性の根拠を含む」概念の内容である。「すべての自然の諸物に対して

は経験的に規定された諸概念が見出される」ことをカントは言い換える。「このことは次のようにいうのと同じである。つまり，自然の産物においてはある形式が前提されることができ，その形式は普遍的な，われわれに認識可能な諸法則によって可能なことである」(XX 211f.)。従って，「経験的に規定された概念」を見出すためにまず求められるのは，先の例に即してこういってよければ，目の当たりにしている犬の現実的な「形式」を可能にする犬の「法則」である。法則と概念の関係については，「与えられた経験的直観に対してまずもって見出されるべきであり，特殊な経験を可能にする唯一のものである特殊な自然法則を前提する概念」(XX 213) と述べられる。この概念は，犬の表象に含まれる部分的特徴を示すメルクマールではなく，むしろ，犬を現実に可能にする法則によって規定されたものである。従って，ここでの犬の概念は，犬の部分的な特徴を示すとともに犬以外についても妥当する概念を寄せ集めたものではない。犬が犬以外のものと共通にもつ特徴を集めたところで，犬の法則が示すような犬の特性は明らかにならないであろう。そうではなく，現実の犬がもつ特有の「形式」とそれを可能にする「法則」によって，犬の「概念」が表現されると考えるべきなのである。合目的性との関連で捉えられる，客観の現実性の根拠を含む「目的としての概念」は，その客観そのものを示すというより，むしろ客観の形式を現実に可能にする「法則」に対応する。

　経験的に与えられる自然の物に関して，その物を部分的な特徴によって図式的に捉えることと，現実的な物そのものの形式を法則によって捉えることとは異なる[10]。反省的判断力が概念を見出すことは，目の当たりにしている物を，それとは別の物にも共通な特徴によって捉える（この限りでは，既知の概念の単なる適用である）ことではない。そうではなく，目の当たりにしている物そのものに対する観察，すなわち「方法的に試みられ，観察と呼ばれる経験」(V 377) によって，反省的判断力はその物の「法則」とそれに対応する「概念」を見出す。反省的判断力が求めるのは「観察による自然のより深くまたより広範な知識」(V

---

[10]　「経験的法則」の考察によって，この点に関してほぼ同じ結論に達している論文として，Kristina Engelhard, Empirische Naturgesetze bei Kant, in: Tobias Schlicht (Hrsg.), *Zweck und Natur*, München 2011. Vgl. S. 82.

188）なのであり，手持ちの分析的普遍を自然に適用することではない。

4　合目的性と自然の体系的統一

　この節では，前節で明らかになった反省的判断力と目的としての概念との関連が「自然の体系的統一」といかに関係するかを明らかにし，そこでの合目的性の役割をみる。確かに，自然において与えられる対象に対する観察によって，それが現実にもつ形式を可能にする法則を見出し，それに対応する概念を考えることは，反省的判断力が「特殊に対して普遍を見出す」ことに重なる。しかし，この意味での「特殊に対して普遍を見出す」ことが「自然の体系的統一」に何の関係があるのか。感性的に与えられる諸対象に対して諸概念が見出されるからといって，それらが体系を形成すると考える理由はない。それでは自然の体系に関して「特殊に対して普遍を見出す」とは個別的な事象と一致しうる概念を論理学的に比較し，それによって諸概念を体系化することなのか。そうであれば，反省的判断力にとって合目的性はこの点ではもはや関係ない。まずは合目的性を原理とする反省的判断力による自然の体系的統一に関して「特殊」や「普遍」が意味することから確認する。

　反省的判断力が経験の対象に対して見出す概念は，「普遍」ではある。このときには，その対象と他のものとの部分的共通性（分析的普遍）は最大の関心事にはならない。その対象の特有性を見出すことにはならないからである。反省的判断力にとっての普遍は対象の形式の特有性を示し，この意味では「特殊」である。たとえ犬が四足獣の抽象的概念のもとで把握されたとしても，犬は自身に特有な法則と形式をもつ。つまり，反省的判断力にとって「特殊」として比較の対象になるのもまた経験的諸法則である。反省的判断力は，「人間悟性に知覚が提供する特殊のために普遍を見出し，さらに異なったもの（各々の種にとっては確かに普遍である）のために原理の統一における結合を見出す」（V 186）。つまり，諸対象の諸形式を可能にする「諸法則」が，統一されるべき「特殊」である。

　このことを「自然」について考えてみる。「自然」を「法則」との関

係でみたとき,「もっとも一般的な意味での自然とは諸法則のもとにある諸物の現実存在である」(V 44) とカントは述べる。例えば「すべての変化はその原因をもつ」という普遍的自然法則のもとであっても,「種的に異なる諸自然は,これらが自然一般に属するものとして共通にもつもの以外に,さらに無限に多様な仕方で原因となりうる」(V 183)。この「無限に多様な仕方」についてのそれぞれ異なる法則が「種的に異なる諸自然」の現実存在を可能とする。例えば,物体の自由落下運動の諸法則は,ある限定された状況(地表付近)における物体の一方向(下方)への加速度的運動(場所の変化)という経験的に知覚によって与えられる現象に関わるものであり,この法則は物体の重力の概念を表現する。この法則のもとでは,重力に従う限りでの諸物の現実存在によって,天体の楕円運動の諸法則のもとにある自然(天界)からは区別される,自然(地上)が形成される。これらそれぞれが「種的に異なる諸自然」であり,それぞれを可能にしている諸法則が「特殊」である。
ただし,人間の観察によって諸自然の特殊な諸法則が見出される限り,人間には無限に多様な知覚が与えられるのであるから,極端なことをいえば数的に一と数えられる事象ごとに法則が考えられ,それだけ多くの諸自然が特殊として与えられるように思われる。つまり,合目的性はこの限りでは反省的判断力による自然一般の「多様化の原理」であるといえる。カントがいうには,「(ともかく考えることは可能であるように)自然は様々な諸自然形式において,その経験的法則の大きな差異のゆえに,極めて大きな異種性をおいておいたので,諸自然形式のもとで類と種の一致と段階的秩序を見出そうとするすべての比較,あるいはともかく大抵の比較が無駄であるかもしれない」(XX 213)。

ここで「合目的性」のもう一つの側面が現れる。「経験的諸法則一般のもとにある自然の諸物の形式に関する判断力の原理は諸法則の多様性における自然の合目的性である。言い換えれば,自然はこの合目的性の概念によって,自然の経験的諸法則の多様の統一の根拠を悟性が含むかのように表象される。」(V 180f.) ここでの合目的性についての力点は「多様の統一」にある。再び「技術」を手がかりにすると,例えば,ある時計の構造を理解している人(時計職人)は自身の工房に落ちている歯車一つみたとしてもそれを時計の部品として捉える。つまり,歯車は

独立のものではなく，時計という一つの統一に含まれる多様な部品のうちの一つであり，時計の「目的としての概念」が「多様の統一の根拠」である。反省的判断力はこのような仕方で，与えられた多様な諸自然の形式を一つの自然（経験の対象としての）を形成する部分とみなす。この限りで多様は各々孤立したものではなく，体系としての自然全体の部分という意味で自然全体のデュナミスである。時計職人とは異なり，自然全体の構造を反省的判断力が知らないとしてもそうであり，反省的判断力は「一つの体系における自然の合目的的な配置の普遍的な，しかし同時に無規定な原理に従って」(XX 214)，技術的にそうするのである。従って，「特殊」とみなされる経験的諸法則に対する「普遍」は，それらの特徴を部分的に示す共通のものというよりも，物体の自由落下運動と天体の運行を統一する万有引力の諸法則のように，それら互いに異なる諸自然を包括し，統一する根拠となるものである。ここでの「普遍」は，単に種差を与えれば種が定義的に導出できるような論理的類ではない。また，例えば「物」を最高類とするような論理学的な概念体系ではなく，経験的諸法則の体系が問題である。動物は動物の諸法則に従う限りで一つの種であり，植物の諸法則に従う限りの種からは区別され，両者を包括しうるような（生物の）諸法則が発見される限りで，動物と植物は一つの類のもとで統一される。このようにして自然の経験的諸法則は体系的に統一される。

　しかし，特殊な諸経験に対して諸法則を見出すことも，それらを統一する普遍的な法則を見出すことも人間にとっては一朝一夕になされることではない。カントは述べる。「判断力は自分自身の使用のためにア・プリオリな原理として次のことを想定しなければならない。つまり，特殊な（経験的）諸自然法則における人間的洞察にとっては偶然的なものは，われわれにとっては確かに根拠づけられるべきではないが思考可能ではある法則的統一を，偶然的なものの多様性がそれ自体として可能な一つの経験へと結合されることのうちに含んでいるということである。」(V 183f.) 動物の概念からア・プリオリにカモノハシの概念が導出できないように，自然の特殊な諸法則は人間に与えられない限り知りえないことを含み，この意味では偶然的である。それゆえに人間は自然全体についてすべてを知っているわけではなく，その法則的統一を証明するこ

とはできない。しかし，自然の合目的性の想定のもとでは経験的に与えられるあらゆる特殊は，それがどれだけ特有なものを示していようともそれ自体として孤立したものではなく，普遍によって統一されるべき一つの経験の部分である。自然の体系的統一は，抽象的な思考によってなされるのではなく，有限な人間が経験において出会う多様性の観察によって，特殊な諸法則を見出し，さらにそれらを統一する普遍を求めることによって，段階的に具体的なものとして組み上げられるしかない。人間が「経験的諸法則のおそらく無限の多様性を含む自然の知覚から一つの連関する経験を形成するという課題」(V 184) に取り組み，反省的判断力によって経験の対象としての自然を体系的に統一するとは，このようなことである。

おわりに

「自然の体系的統一」と「合目的性」の関係を探った小論の主題は，『判断力批判』に関する研究において，確かにあまり注目を浴びていない。しかし，カントが携わり，小論がこの主題の根底にみた「表象と対象の関係」の問題に関しては，カントと同時代のテーテンス，カント後に一大学派を築いたフリースにも独自の解決がみられる[11]。また，小論で示した「法則」に対応する「概念」は，後に新カント派に影響を与えるロッツェに類似の思想がみられる[12]。従って，小論の論考は，『判断力批判』に限らず，カント哲学の，あるいはより広い哲学史的文脈からみて，瑣末事ではないだろう。ただし当然，小論の結論が『判断力批判』全体にいかに関わるのかを明らかにすることもまた，今後なされるべき課題である。

---

11) Vgl. Johann Nicolaus Tetens, *Philosophische Versuche über die menschliche Natur und ihre Entwicklung*, 1777, S. 75ff., u. Jacob Friedrich Fries, *Neue oder anthropologische Kritik der Vernunft*, ²1828 (¹1807), §§ 10.

12) Vgl. Hermann Lotze, *Grundzüge der Logik und Enzyklopädie der Philosophie*, 1883, § 15.

〈書　評〉

増山浩人 著
『カントの世界論——バウムガルテンとヒュームに対する応答』
（北海道大学出版会，2016 年）

河村　克俊

　ヒュームがカントに与えた影響については多数の研究文献を数えることができるのに対して，ドイツ講壇哲学からカントへの影響については，これまで研究されることが少なかったように思われる。そもそもヴォルフやバウムガルテンといったその主要な哲学者の主だった著書が揃って入手できるようになったのは，ようやく前世紀の 80 年代あたりからであり，研究叢書が刊行されはじめたのもその頃だった。そして現在，ようやくこの領域の研究を行う条件が整いつつあるといえるのかも知れない。著者は，これまでのカント研究史にみられるこのような偏りを意識しつつ，またこれを是正することを念頭に置いて，「世界論」という主題について思想史的な観点から周到な研究を行っている。

　また，この「世界論」というテーマについては，1770 年のいわゆる『就職論文』の主題が可感的ならびに可想的「世界」であったことや，そこで取り上げられた「全体性の問題」等について改めて省察することから『純粋理性批判』が生み出されたことを考え合わせるならば，それがカントにとって決して周辺的なテーマではなく，中心的な位置づけをもつテーマの一つであったことが理解できる。『就職論文』での全体性の問題に遡ることのできる「アンチノミー論」がこれまで繰り返しカント研究で主題化されてきたことからも，世界論が重要なテーマであることが確認できるだろう。

　本書は，カントの批判哲学に基づく世界論と伝統的世界論との間にみられる「連続性」ならびに「断絶」を明らかにすることを目的とする。ここで伝統的とされているのはヴォルフ学派の世界論であり，本書では特にカントが自らの「形而上学講義」で長年教科書として用いたバウムガルテンの『形而上学』の「世界論」が取り上げられている。また，両者の「連続

〈書　評〉

性」と「断絶」を明示するために，著者は伝統的世界論で重要な課題とされていた「世界の統一」という問題について主題化する。これは，無数の構成要素がただ並存しているだけでなく，なぜそれらが相互に関わりつつ一つの全体を構成するのか，という問いである。そして，この問いに対して先行哲学者とカントがそれぞれどのように答えていたのかが比較考察される。著者によれば，従来のカント研究は両者の連続性と差異という問題に十分説得的となる答えを与えていない。

また，この問題に着手するに先立ち，著者は先ずカントが「彼以前の世界論と同一の問題圏を論じていたのか」否かを問う。そして，世界を諸々の実体から成る「複合体」ならびに事象の「系列」という二つの観点から考察するという伝統的世界論の方法をカントもまた踏襲していることから，「同一の問題圏」を論じていたと判断する。

ここで本書の構成をみておきたい。本書は「序論」と六つの章，そして「結語」から成る。「序論」で執筆の目的，方法，概要などが述べられた後，先ず第一章から第三章までで，伝統的世界論と批判期カントの世界論の「連続性」が論証される。また，ここまでが「第一段階」と名付けられている。その後，第四章から第六章までが「第二段階」と位置づけられ，主に世界の構成要素である実体概念の内実に関わる差異に基づいて，「両者の断絶」が論証される。各章のタイトルは，第一章「バウムガルテンの世界論」，第二章「カントにおける世界考察の方法」，第三章「カントの自然概念」，第四章「第二類推論と充足根拠律」，第五章「モナド論に対する応答としての『第三類推論』」，第六章「デザイン論証と Als-Ob の方法」である。

次に，各章の内容について簡潔にみることにする。第一章ではバウムガルテンの『形而上学』就中その「存在論」ならびに「世界論」が考察され，彼がライプニッツのモナド論に基づきつつ実体と物体を峻別していたことが示される。バウムガルテンは複数の実体（モナド）が特定の仕方で形成する複合体を「実体化された現象 phaenomenon substantiatum」と名付け，これを誤ってそれと考えられた実体であるとみなし，「実体＝モナド」を「複合体（現象）＝物体」と峻別する立場をとる。また，独立自存する実体（モナド）が相互に関係しつつどのようにして世界という一つの全体を成すのかという問いに答えるべく「予定調和」説がとられる旨，論証されている。第二章ではカントが世界を「質料」，「形式」そして「全体性」と

いう三つの範疇を用いて考察していることが確認される。世界の質料を成すものは複数の実体，世界の形式とはこれら実体の結びつき（「実在的連結」）であり，世界の全体性とは，世界を構成するすべての状態からなる系列である。このうち「質料」と「形式」という道具立てを用いてカントが「複合体」としての世界を論じ，「全体性」を用いて「系列」としての世界を論じていることが示される。そして前者が『純粋理性批判』の「類推論」で，後者すなわち系列としての世界が「アンチノミー論」で主題化されていることが跡付けられる。第三章では，カントのもとにみられる「形容詞的自然」と「名詞的自然」（諸現象の総体）の区別のモデルがバウムガルテンのもとにあることを確認したうえで，「名詞的自然」をカントが「複合体」としての世界とほぼ同義で用いていることが示される。以上が，伝統とカントの「連続性」の論証がなされる「第一段階」である。次に，第四章で「類推論」が取り上げられ，ヴォルフ学派の伝統に反してカントが「充足根拠律」の妥当範囲を感性界に制限していることが示される。第五章では「第三類推論」をテクストに，その定義上それぞれが独立自存する実体がいかにして一つの世界を成すのかという時代の共有する問いに対して，実体間に物理的影響関係があり，それぞれの実体が全体に対する相補的な部分となっているという解釈に基づきつつ，カントがこの問題に予定調和説とは異なる解決案を提示することが論じられる。なお，この論証の前提となるのが「現象的実体 substantia phaenomenon」である。この概念は，バウムガルテンのもとでの実体（モナド）や『就職論文』第十三節にみられる「非物質的実体」とは異なり，「現象のうちにあって持続的なもの」ないしは「あらゆる変化するものの基体」とみなされ，感性界のうちに位置付けられている。そして，この現象的実体という新たな概念をその構成要素とし，その複合体としてカントが世界を理解する点に，著者は伝統とカントの間の「断絶」をみるわけだ。第六章の表題にみられる「デザイン論証」とは，世界の秩序や合目的性という結果から，その原因としての世界の創造者を推論する論証であり，そこにみられる因果推論に対するヒュームの批判に応えるためにカントが，あたかも世界が神の知恵と意志によって創造されたかのように見なさざるを得ない，という観点を提示していることが示される。

　以下に，評者の感想を述べさせていただく。著者は，先行研究のテーゼを周到に押さえつつ，これを批判することで自らの立場を固めていくとい

う方法を採っている。バウムガルテンの世界論については，彼自身のテクストだけでなく，弟子にあたるマイヤーの四巻からなる「形而上学」についてもそのつど参照しており，その世界論がヴォルフからの影響だけでなくライプニッツのモナド論をそのモデルとすることが論証される。これまでのカント研究では希にしか主題化されることのなかった領域が懇切に論じられており，今後のカント研究に資することは間違いないだろう。カントについては，その著書だけでなくメモ書きとして残された遺稿ならびに講義録などが多数資料として用いられており，著書からだけでは読み取ることの困難なカントの思索の歩みが丁寧に跡づけられている。

　ここで，二点ほど質問させていただきたい。著者は，実体の複合体ならびに事象の系列として世界を論じるという方法の同一性に基づいて，伝統的世界論とカントのそれとが同一の問題圏を論じているとみなす解釈を採っている。そのうえで，現象と実体を峻別する伝統的世界論と，現象のうちに実体をみるカントの世界論の間に「断絶」をみるわけである。この点についてはしかし，次のように解釈することもできるのではないだろうか。すなわち，批判期のカントのもとでは実体概念が現象的実体として感性界に置かれ，その複合体が産み出す世界が感性界に限定されることで，世界論の問題圏そのものが変更されている，という解釈である。

　また，バウムガルテンの「実体化された現象」とカントの「現象的実体」は，それが感性界のうちに位置を占め，独立自存性という性格をもたない点で一致している。著者は両者を同一視することはできないという立場を採っているが，しかしこの二つの点に鑑みて，両者を共に伝統的な実体概念から派生した新たな概念として位置づけ，前者からカントが現象的実体という概念の発想を得たとみなすことはできないだろうか。

　経験に先立ち経験そのものの可能性の制約となる条件を認識主観の活動性のうちに認め，その制約となる特殊な概念の一つとして実体を位置づけることで，カントはこの概念に決定的な変更を加えることになったといえるだろう。その結果，実体には持続性という性格は残るが，独立自存性というもう一つの性格はなくなっている。大きな変更であるに違いない。本書は，カントの世界論を主題化することによって，この点についてもまた改めて考える必要のあることを示唆している。

〈書　評〉

オノラ・オニール 著　神島裕子 訳
『正義の境界』
（みすず書房，2016 年）

田原 彰太郎

　本邦訳書は，オノラ・オニール（Onora O'Neill）の著作 Bounds of Justice（Cambridge University Press, 2000）の邦訳である。オニールの論文は以前にも邦訳されているが，著作としては初の邦訳となる。

　日本語で読めるオニールの文献は少ないとはいえ，彼女の名前は日本カント協会の会員のなかでは広く知られていることだろう。彼女は，とくに倫理学，政治哲学の分野において，世界のカント研究を牽引する研究者だからである。オニールは，カント哲学の研究からキャリアを出発させている。彼女の博士論文は，ジョン・ロールズを指導教官として，定言命法，とくにいわゆる普遍化可能性を主題とするものであった。それに修正を加えたうえで 1975 年に出版されたのが，彼女の初の著作『原理に基づく行為（Acting on Principle）』である。彼女のカント哲学への関心は，このデビュー作から 40 年の歳月を経て，2015 年，2016 年にケンブリッジ大学出版会より相次いで出版された二冊の著作『権威を構成する：カント哲学における理性，政治，解釈』（Constructing Authority: Reason, Politics and Interpretation in Kant's Philosophy）と『境界を超えた正義：誰の責務か』（Justice across Boundaries: Whose Obligation?）においても，失われてはいない。

　40 年以上にわたるカント哲学に関する彼女の研究活動は，これまでに多くのカント研究者に影響を与えてきたし，現在なおその影響力は衰えていない。例えば，近年出版されたカントの自律概念を主題とする論文集のなかで編者は次のように記している。「この著作に収められた論文の著者たちは，カントの自律に関するオノラ・オニールの業績からいろいろな仕方で恩恵を受けている」（Oliver Sensen (ed.): Kant on Moral Autonomy, Cambridge University Press, 2013, p. 12）。2015 年には，カント研究への

〈書 評〉

長年の功績が認められ，第12回国際カント学会の席上でカント賞（Kant-Preis）が彼女に贈られた（この学会については『日本カント研究』第17号の福谷茂会員による報告を参照）。本邦訳書の「訳者あとがき」（253~258頁）では彼女の経歴と文献が紹介されているので，この点について詳しくはそちらを参照していただきたい。

本邦訳書は，論文集ということもあり，多彩な内容を含んでいる。第一部「哲学的な正義の境界」では，理性，行為者，自律，判断力などについての原理的考察，カントの正義論と現代におけるカント主義の正義論との対比，さらには，強制や女性の権利についての考察が行われている。第二部「政治的な正義の境界」では，経済，ジェンダー，国境，アイデンティティ，遠くの見知らぬ人への責務などを着眼点としながら，正義についての考察が行われている。オニール自身が本邦訳書「序論」（3~10頁）にて同書全体の要約を行っているので，内容ついてより詳しくはそちらを参照していただき，以下では，本邦訳書が出版されたことの意義を考えてみたい。

すでに述べたように，オニールは世界的に重要なカント研究者である。ただ，本邦訳書の意義を考える際に注目したいのは，彼女がカントの著作の訓詁注釈に終始する研究者ではない，という点である。

『オノラ・オニール読本（*Reading Onora O'Neill*）』（David Archard, Monique Deveaux, Neil Manson, Daniel Weinstock (eds.), Routledge, 2013）という論文集がある。この論文集では，様々な研究者がオニールの所説を批判的に吟味し，さらに，それに対してオニール自身が応答をしている。この種の著作が出版されているということ自体がすでに示唆しているように，この著作のなかでオニールは，（カント研究者というよりはむしろ，）哲学者として，しかも「現在も著作活動を行っている一流の道徳哲学者のひとり」，「世界のもっとも重要で優れた哲学者のひとり」として扱われている。批判的吟味の切り口も，カント実践哲学だけではなく，グローバル・ジャスティス，家族の倫理学，生命倫理学，同意，信頼と幅広い。オニールは現代的な哲学的諸問題に関しても研究活動を行い，その研究のなかでカント哲学を生かそうとする哲学者である。ロールズやハーバマスのように，現代においてカントからの影響のもとで研究活動を行う哲学者が数多くいるが，オニールもその伝統に掉さしているのである。

例えば，本邦訳書においては，カント倫理学における普遍化可能性の解

釈が行われている。ただし，オニールの主眼は，その解釈がカントの叙述と合致しているということを論証することにはない。オニールの狙いはむしろ，その解釈を用いて現代正義論を進展させることにある。オニールのカント哲学へのスタンスを示す具体例として，この点を簡単に紹介しよう。

　オニールは，権利基底的正義論を批判する。権利基底的正義論とは，「私たちは権利として何を得ることができるのか」という問いから出発し，守られるべき権利を特定し，その権利が実現した状態を正義が実現した状態と見なす立場のことである。オニールによれば，この種の正義論は実効性に乏しく，権利を実現することができない。権利から出発して考えることによって，権利をその実現を伴わない空虚な宣言としてしまう，というのがオニールの権利基底的正義論への批判である。オニールがそのオルタナティブとして提案するのが，責務基底的正義論である。この責務基底的正義論の特徴は，権利からではなく，責務から出発するという点にある。「私たちは何をすべきか」という問いから正義論は始まるべきだと，オニールは主張するわけである。

　出発点となるこの「何をすべきか」という問いへの取り組みにおいてオニールが引き合いに出すのが，普遍化可能性である。すなわち，ある原理が普遍的法則として意欲可能か否かを問い，意欲可能な原理が道徳的に許されるものとして，あるいは，意欲不可能な原理が道徳的に許されないものとして判定されることになる。オニールに従えば，この普遍化可能性の吟味を通じて，暴力をふるうこと，強制をすること，詐欺をはたらくことなどが，普遍化不可能な原理として禁じられる。これらの原理を含む関係や活動（例えば，ある種の家族関係やある種の経済活動）が不正なものとして判定され，その是正へと向けた活動や制度設計が求められていくことになる。これが，オニールが描く正義実現への道筋である。たんにカント哲学を理解するために重要だという理由からだけではなく，正義を実現するためにも不可欠だからこそ，普遍化可能性の解釈は行われるのである（権利基底的正義論から責務基底的正義論へと転換すべきという主張については，本邦訳書第6, 7章を参照）。

　世界的に見えれば，「カント研究」という名称で括られる研究のなかには，オニールのような研究，すなわち，カントを基礎としながらも，そこから新しい哲学的言説を生み出そうとするタイプの研究も含まれる。しかし，日本においては事情が異なるように思われる。日本でのカント研究の

〈書　評〉

主流となるスタイルは，カントのテクストに忠実に寄り添い，その言わんとすることを明確にするというものである．もちろん，その際にも二次文献として外国語の文献が紹介・参照されるが，それらの文献も同様のスタイルで書かれたものが多いように思われる．日本語だけを用いてカント哲学に触れる場合には，カントを現代哲学のなかで生かそうとする研究に出会うことは稀だと言ってよいだろう．

　本邦訳書は，カントの研究に取り組む際にたんにカントの著作に注釈を与えるのとは異なる研究方法があることを，例えばうえで触れた普遍化可能性の解釈などを通して，具体的に示している．とくにまだ外国語で書かれた文献を多く読むことのできない学部生や修士課程の学生が，日本語で書かれた多くの文献とは異なる方法でカントにアプローチしている本邦訳書に出会うことによって，カント哲学の研究方法にもいくつもの選択肢があることを知るようになるはずである．このことは，今後の日本におけるカント研究を幅広く，充実化することにもつながっていくことだろう．この点だけを見ても，日本における今後のカント研究にとって，本邦訳書が出版された意義は大きい．

　さらに，本邦訳書が出版された意義は，このことにとどまらない．近年，徳倫理学関連の邦訳書の出版が続いている．功利主義に関しても，根強い人気があり，継続的に魅力的な研究書が日本語で出版されている．それに対して，現代倫理学の文脈のなかでのカント主義に分類されるような議論を日本語で目にすることはあまりない．カント主義は，現代倫理学の一角を占めるはずであるが，日本語だけを使用する読者にとっては，わずかな例外を除いて，そもそもそれがどのようなものかを知る機会さえなかったことになる．カント主義の代表者であるオニールの著作を日本語で読めるようにした本邦訳書は，わずかな誤訳もある（60 頁の「義務の埒外でなされた行為」の原語は action done out of duty であり，「義務に基づく行為」や「義務からの行為」と訳されるべき言葉である）が，日本における現代倫理学研究上のこの問題状況を改善するための一助ともなるはずである．

〈書　評〉

Robert B. Brandom
From Empiricism to Expressivism
——Brandom reads Sellars
（Harvard University Press, 2015）

三谷　尚澄

　1.『経験論から表出主義へ——ブランダムがセラーズを読む』。そのようなタイトルをもつ本書が，日本カント協会の機関誌上で書評対象とされることをいぶかしく思われる向きがあるかもしれない。

　ブランダムが，『明示化の論理』や『推論主義序説』といった著作において独自の体系的言語哲学を構築し，また，哲学史に対する関心の薄い英米分析哲学の伝統の中にあって，『偉大なる死者たちの物語』との対話を重んじ，『哲学における理性』と題された著作をもつ哲学者であることは事実であろう。しかし，通常ブランダムの名前と結びつけられるのはヘーゲルの哲学であり，また，アメリカにおけるプラグマティズムの伝統であって，彼の仕事とカントとの間にどのようなつながりがあるというのか——。

　これは，もっともな疑念である。そして，このような疑念が生じる最大の原因は，本書においてブランダムが考察の対象としているセラーズの哲学が——主著「経験論と心の哲学」（EPM）における「所与の神話の解体」や「理由の論理空間」をめぐる定型とも化した言及を別にして——いまだ立ち入った検討を施されないままに留まっている，という点に求められる。ブランダム自身の言葉を見よう。

　　「愕然とするほど長くの間，私は，…セラーズの仕事を構成する諸ピースが，語の最もゆるやかな意味においてすら，互いにどのようなつながり方をしているのかを理解することができなかった。私は，意味論と認識論をめぐる EPM の教えについてはしっかり理解していたと思うし，また，EPM の教える洞察がセラーズの哲学的貢献の中核

〈書　評〉 185

をなすとも思っていた。しかし，セラーズが論じるその他の多くの話題——抽象的存在者をめぐるノミナリズム，様相の理論，科学的自然主義やその他多くの問題をめぐる彼の見解——については，それらがEPM の教える彼の哲学の中核から遠く離れたものであるように思われたのである」(24)。

そして，「セラーズの哲学を統一的視座の下に理解することの困難」をめぐる問題について，ブランダムはまたこのようなことも述べている。

「しかし，今や私は，セラーズの哲学のすべての要素がどのようにつながっているのかをはっきり把握することができていると思う。…そして，この点を理解するための鍵は，…EPM で彼が編み上げたさまざまなアイデアに加えて，セラーズがカントから何を得たかについて考察することにある，というのが私の考えである」(24)。

2. 以上から，さしあたり，次のように述べておくことが許されるであろう。

控えめに言っても難解であり，かつ，多岐に渡る問題を論じる一方で，ともすれば統一的解釈を拒絶する諸断片の集積にも見えかねないセラーズのテキスト群を，まとまった統一的展望の下に解釈することが可能である。そして，セラーズ哲学の統一的解釈という課題を達成するための鍵は，「セラーズの哲学がその核心においてカントの発想に貫かれた体系であること」に注目することを通じて明らかにされる。これがブランダムの考えであり，また，本書の有する顕著な特長である。

3. 「カントとのつながり」に軸足を置いたブランダムのセラーズ解釈のうち，最も重要なのは，セラーズが，カントにおけるカテゴリーの理論に言わば言語論的転回を与え，「言語には記述する以外にも重要な仕事がある」という「表出主義」的な発想の下にカントのプログラムを継承してみせる点である。

より具体的には，セラーズは，1)「経験の可能性の条件」を問うカント的カテゴリーの理論を「言葉の新しい道 the new way of words」の下に継承し，2)「記述的言明が可能であるために，わたしたちの言語的実践はど

のような本質的特性を備えているのでなければならないか」という問いを立て，3）この問いに対し，（典型的には）「様相言明」の働きを「そのもとにおいてのみ経験的記述が可能となるフレームワークを明らかにする」ものとして理解することを通じて回答を与えるのであるが，4）この（カルナップに由来する）様相言明の機能をめぐるメタ言語的分析のあり方を，ブランダムは，セラーズ哲学を貫くカント的側面のうち最も有望なものとして高く評価するのである。

　また，この点をめぐるセラーズの主張は，外的世界のあり様に関する単なる「ラベル付け」と真性の「記述」の区別をめぐる独自の議論を前提として成り立つものである。すなわち，外的対象のあり方に関する「記述」が成立するためには，「信頼するに足る弁別的反応傾性」が発揮されるだけでは不十分であり，発話者の言明が他の言明との（推論的）「含意関係から成り立つ空間 a space of implications」に配置されている必要がある，という主張がそれである。

　ブランダムによれば，この間の事情を最も明瞭に示すのが，セラーズによる様相言明の分析である。すなわち，セラーズによれば，すべての経験的記述言明は，暗黙のうちに，仮定法条件文によって明晰に表現されるような様相的含意をもつ（たとえば，「あのライオンの眠りは浅い」という発話は，「ちょっとした刺激が与えられれば，あのライオンは目を覚ますだろう」という様相的含意をもつ）。そして，すべての記述言明が仮想的な推論的帰結をその意味の本質的構成要素としてもつのである以上，なんらかの経験的記述を行うものは暗黙のうちにこれらの推論的帰結を受け入れているのでなければならない。あるいは，経験的記述言明を使用することができるものは，自身の発話によって様相的に含意される内容をもった言明を使用することができるのでなければならない。ブランダムは，これを，「様相に関するカントとセラーズのテーゼ the Kant-Sellars thesis about modality」と呼ぶ。

　4．「様相に関するカントとセラーズのテーゼ」は，さらに，セラーズ／ブランダムによるカントの継承という話題について，次の二つの重要な帰結を導く。

　1）セラーズは，フェノメナとヌーメナの区別をめぐるカントの論点を科学的実在論の立場から継承し，「明白なイメージ」に対する「科学的イ

メージ」の存在論的優位を主張する．すなわち，「科学は万物の尺度である．あるものについてはあるということの，ないものについてはないということの」を主張する．しかし，ブランダムは，セラーズによるこの自然主義的なカントの理解を拒絶する．この間の事情をめぐるブランダムの議論は複雑かつ多岐に渡るが，ここでは，ブランダムが，「客体自然主義 object naturalism」に対する「主体自然主義 subject naturalism」の優位を主張するヒュー・プライスのプログラムに言及しつつ，後者と親和的なカント／セラーズ的カテゴリーの理論は，前者と同型の発想に依拠するセラーズの科学的実在論へのコミットメントを無効化する，という指摘を行っている点だけを挙げておこう．(cf. 90ff.)

2) ブランダムは，「様相に関するカントとセラーズのテーゼ」を拡張し，様相に関するセラーズの表出主義的分析を，様相言明の実在論的解釈と「ふたたび結合させる together again」ことが可能であると主張する．すなわち，ノミナリストとしての立場を一貫して保持するセラーズの立場を乗り越え，様相に関するセラーズの表出主義的理解を，その実在論的解釈と両立させることが可能であることを主張する．ここで，様相に関する表出主義と実在論とが「もう一度」結合されうる，と言われることの理由は，ブランダムによれば，プラグマティックな分析とセマンティックな分析の位相差に注目することで両者の両立可能性を確保するブランダムの構想には，カントによる超越論的観念論と経験的実在論との両立というモチーフを現代的な観点からアップデートしたものとしての性格を与えることができる，という事情によるものである．(cf. 214f.)

5．以上のように，本書におけるブランダムの論述は，セラーズによるカント的カテゴリーの理論の継承を高く評価することに始まり，次に，「様相に関するカントとセラーズのテーゼ」を梃子として，カント的フェノメナ／ヌーメナの区別を科学的実在論の立場から継承するセラーズのプログラムを否定し，最後に，様相に関するセラーズのカント的表出主義を，これまたカントに淵源する独自の発想に立脚しつつ乗り越え／更新する，という入り組んだ内容と構造をもつ．

上述のようなセラーズ／ブランダムのカント解釈に対しては，おそらく，「これが本当にカントなのか」，「これのどこがカントだというのか」等の疑念や批判が寄せられるであろう．しかし，少なくとも，セラーズとブラ

ンダムのカント解釈が，乱暴な仕方においてではあれ，現代哲学の最前線にカントを位置づけ，「同時代人としてカントを読む」という課題に対する魅力的な回答を提示してくれていることに疑いはないように思われる。

　だとするならば，カント自身のテキストに立ち返り／カント自身のテキストと対峙させることを通じて，彼らの提示する「新しいカント」と「本当のカント」との実り多い哲学的対話の空間を切り開くという重要な課題の遂行責任は，さしあたりカント研究者の側にあると言うべきであろう。そのような，来るべき哲学的対話の実現を期待しつつ，より多くのカント研究者が本書を手に取り，一読されることをお薦めしたい。

〈書 評〉

Hannah Ginsborg
The Normativity of Nature
——Essays on Kant's Critique of Judgement
(Oxford University Press, 2015)

竹山　重光

　著者は本書公刊時点でカリフォルニア大学バークレー校の哲学教授。1958年生まれとのこと。本書は1991年から2014年にかけて世に出された論文14編（1編のみ本書ではじめて活字になった講演稿）の集成である。そういう成り立ちであるから，いくつかの論点は繰り返し複数の論文で取り上げられる。私の見るところ，また著者自身そう述べるときもある（e.g. p.324）が，それらをめぐる議論に発展もしくは変化も認められる。したがって，体系的著作とは言いにくい。とはいえ，本書は著者によってAesthetics（感性的情感論），Cognition（認識），Teleology（目的論）の3部に区分され，順に5編，4編，5編が配されている。各部内では，おおむね公表の古いものから新しいものへと並べられているが，部相互はその順序ではない。

　こうした構成を見渡して言える点をまず記そう。本書は「自然の規範性」（the normativity of nature）と題されている。第8論文は「知覚的規範性」（perceptual normativity）という語句をタイトルにふくむが，実は，所収論文に「自然の規範性」を冠するものはない。私の読んだかぎり，論文内でこの表現が用いられる例もない。「自然的規範性」（natural normativity）という類似と解しうる表現（p.328, 342）や，「自然を規範的観点で見る」という言い回しが何度かある（p.327 et al.）だけと思われる。ただし，本書のために書かれた序論にはこれが一度姿を見せる（p.6）。細かい点だが，これは押さえておかねばならない。なぜなら，「自然の規範性」は著者のカント研究を導く糸，あるいはその通奏低音だからである。そして，たとえば「自然主義的誤謬」というクリシェを思い浮かべれば，この概念の興味深さや困難さも予想されるだろう。私としては，困難さより興味深さに

肩入れしてこの稿を進めたい。

著者自身ほのめかしている（p.4, fn.3 at p.4）とおり，自然の規範性が本書で正面切って扱われているとは言いにくい。むしろ通奏低音らしく，それは論究のさまざまな領域（上記の3区分）とその諸次元でさまざまに響いている。自然の規範性とは何だろうか。本書中で私の見るところ最もわかりやすく，本質を語ってもいるのは次のテキストである。「こうしてわれわれは自分の自然な反応に規範性を帰している。自分が反応していることに関して自分の反応はそうあるべきとおりにある，と見なしているのだ。ただし，これが重要な点だが，私が立てたい主張はこうだ。このように規範性を帰することは，対応する諸概念のわれわれによる把握から派生するのではなく，むしろ把握を可能にする，したがってまた，われわれが反応している客体や状況のわれわれによる認識から派生するのではなく，むしろ認識を可能にするのである」（p.340）。ほかのテキストも踏まえ私なりにまとめてみよう。人間（著者もカントもこの限定をきっと是認する）は，多種多様な事物，出来事，状況に遭遇し，それらに反応して生きていく。人間の場合，その反応には，「そうあるべき」（ought to be），「適切」（appropriate）といった語で指示可能な属性，規範性がある。しかも，これに認識や概念や規則などは先行しない。むしろ逆に，それらはこれによってはじめて可能となる。その意味でこれは原初的（primitive）な事態である。また，原初性のゆえに，人間の自然本性のみならず，人間にとって外なる自然にもおよびうる事態である。

この通奏低音から立ちあがってくる論点は数多く，本稿ですべてを満遍なく取りあげるのは無理だ。『判断力批判』をめぐる特定の理解を前提すると意外かもしれない論点から紹介しよう。それは，主に第2部で扱われる，経験的概念の獲得もしくは形成という問題である。著者は，子どもがどのようにして経験的概念を獲得していくのかという問題や，ヴィトゲンシュタインが『哲学探究』第185節で記した，子どもの奇妙な足し算の話を何度か論究する。そしてそこに，ヴィトゲンシュタインでは語られない，適切さあるいは規範性を見てとる。つまり，既存の概念や規則が先行していない場面で知覚や動作として現実化する，人間の反応は，いわば事物の側から求められ（be called for）しかるべくそれに応じる（respond, fit）という要素をもつ。そういう規範的制約のもとにあるのだ。この主張をめぐる論述は現代の議論も参照しつつなされる細かなものであるから，くわし

くは本書にあたってもらうしかないが，上に触れた「知覚的規範性」はこの主張の一端を表現する語句である。

　これと『判断力批判』とにどんな関係があるのかと思われる向きもあるかもしれない（杞憂なら幸い）。しかし，『判断力批判』は判断力という人間的認識能力の批判的検討である。しかも，判断力自身の原理によってはたらく，すなわちそれが自在にはたらく様態である反省的判断力を，批判的に検討する。そして反省的判断力とは，あたえられた特殊のために普遍を見つけだす能力である。したがって，著者が経験的概念の獲得もしくは形成という論点を設定して同書にアプローチし，規範性を主張するのは，きわめてもっともな設定である。なおかつ，興味深い可能性の呈示である。目的という概念，そして合目的性原理を思い起こされたい。そうあるべきという契機がそこに認められうる。『判断力批判』を，『純粋理性批判』とはちがった，あるいは『純粋理性批判』が扱わなかった認識問題の論究として読みなおす機縁がここにある。

　規範性という通奏低音は第1部のいわゆる美感的な領域でも鳴り響いている。そのあらわれが，著者による，「認識一般」（cognition in general）や「自然の体系性」（the systematicity of nature）への注目である。私はかつて，カントは趣味に認識上の意義を認めないとするガダマーに反対して『判断力批判』における「認識一般」（Erkenntnis überhaupt）概念の重要性を論じた（「美感的判断について」，『関西哲学会紀要』第24冊，1989）。また，カント哲学における自然の体系性概念の重要性を論じた（「カントにおける体系的統一の理念について」，『哲学論叢』第16号，1989）。したがって，この注目は妥当なものと評価する。われわれは浜野喬士による『『判断力批判』研究―超感性的なもの，認識一般，根拠』（作品社，2014）も手にしているから，私のこの評価も以前より受けいれやすかろう。要点は，「一般」という小さな言葉だ。つまり，認識一般とは，そのつどの現実的具体的な認識が成立するならばそうなっているはずの，そういう意味で規範的制約の性質をもった，ただしそれ自体は特定の認識ではない，心的状態すなわち心的諸能力間の関係である。「この関係は意識されうるが，それは認識を通じてではなく，感覚もしくは感情という非認識的な状態を通じてである」（p.46）。「この〜〜は美しい」という判断は認識一般の意識であり感情なのである。

　なお，著者はこの領域で，「この〜〜は美しい」について判断と快感情

とを区別する二行為説（two-acts view）やこれに類する解釈をしばしば取り上げて議論を進める。どれも参考になる。ただ私としては，著者とはちがって，それら解釈の基本的スタンスに疑念をもつ。感情と判断とを無造作に同一視はできない。しかし，感情を非認知的とすることが自明視されてはいないだろうか。

　第3部の諸編は，歴史的にずっと関心を呼んできた，目的論あるいは生命の哲学にかかわる。カントはカントの時代背景においてこの領域に取り組んだわけだが，ダーウィンを経て，分子生物学の急速な展開を目にしているわれわれも，これに取り組むべきであろう。著者も現代の生物学の哲学を参照しながら考究する。人間が現に経験する生物個体の構造や機能は，多様な規則性，「生物学的規則性」（biological regularities）を示す。構造や機能はそうあるべくしてそうなっていると理解されるが，そのための規則は，少なくとも人間には，物質の基本法則から引き出せない。先行し規定する規則が確認されないところで経験的に示される規則性，ここにもまた規範的なものがあるのだ。著者はこの主張を裏づけるために，カントが明確に述べている，自然の機械論的原理による説明の不充分さとは，そもそも何を意味するのか検討する。この着想は啓発的であり，アリストテレスをも引き合いに出してなされる議論は細密で興味深い。

　全体を通じて緻密で丁寧な分析と議論が展開され，ときに呈示される実例や比喩も明快で理解に資する。ヴィトゲンシュタイン，クリプキ，さらにはミリカンなどによる現代的議論と批判的対話が交わされる。それのみならず，アリストテレスの自然目的論がカントとの比較のもと考察される。カント研究の先達ガイヤー，アリスン，ヘンリヒなども参照される。著者の堅実さと力量が充分にうかがい知れる。『判断力批判』研究としてはもちろん，カント研究全般にとって，本書は参照されるべき財産となるだろう。

　それでも最後に，本書の『判断力批判』理解を全体としてふり返り，おそらく最も大きな問題を記しておかねばならない。それは，「道徳性」（morality）に対する顧慮のほぼ完全な欠落である。私の気づいたかぎり，道徳性へのはっきりした言及はたった一度，「趣味と道徳性のあいだには結びつきがある。しかし，それはとても間接的で，趣味での『べし』（ought）と道徳的『べし』との同一視を正当化しない」（Fn.27 at p.249）とあるのみ。なるほど間接的であろう。それはそのとおりだ。けれども，

『判断力批判』で道徳性が主題的に扱われる場面もあるのは明白な事実である（たとえば Methodenlehre の数節）。私には，これほどわずかな言及で片づけてよいとは思えない。著者に対しこの角度からの批判もすでになされている（A. Cooper; Interested creatures: Kant on normativity and nature. Kant Studies Online. 2016, p.48-77）。

日本カント協会　2016年度会務報告

第 41 回学会の概要

　日本カント協会第 41 回学会は，2016 年 11 月 12 日（土）に，福島大学を会場として開催され，57 名ほどの参加者を得て盛会であった。プログラムの概要は以下のとおりである。

　○一般研究発表（9:30 〜 12:10）
　2 会場に分かれて，以下の 7 件の発表および質疑応答が行われた。
　○一般研究発表（9:30 〜 12:10）
1.「カントによる「作用反作用法則」のア・プリオリな証明 ―経験的な運動法則と対峙するカントの自然哲学―」　　　　信田　尚久（神戸大学）
2.「カントの「構成」概念について」　　　　飯塚　一（京都大学）
　　　　　　　　　　　　　　　司会者　木阪　貴行（国士舘大学）
3.「カントの realitas phaenomenon と「内包量」の概念 ―スコトゥス的観点からの再検討―」　　　　長田　蔵人（明治大学）
4.「単称判断の意味論」　　　　五十嵐涼介（京都大学）
　　　　　　　　　　　　　　　司会者　石川　求（首都大学東京）

B 会場
1.「『判断力批判』における自然の体系的統一と合目的性」　　　　渋川　優太（首都大学東京）
2.「カントの教育概念 ―歴史哲学の視角から―」西田　雅弘（下関市立大学）
3.「天才と趣味の現代的意義 ―アーレントのカント解釈を手掛かりにして」
　　　　　　　　　　　　　　　押山詩緒里（法政大学）
　　　　　　　　　　　　　　　司会者　寺田　俊郎（上智大学）

　○委員会（12：10 〜 13：00）
　○総会（13：00 〜 14：00）
　大橋容一郎会長の挨拶の後，会務報告，会計報告，会計監査報告，編集委員会報告，濱田賞選考委員会報告が行われ，すべて承認された。
　引き続いて，第 11 回濱田賞授賞式が行われた。
　最後に，次回大会は 2017 年 11 月 11 日（土）に日本フィヒテ協会との共催で，

明治大学にて開催される予定であることが報告された。

○共同討議（14：00 〜 15：30）

2 会場に分かれて，以下の 2 件の共同討議が開催された。いずれにおいても熱心な討論が展開された。

共同討議 1：カントと功利主義

　　　提題者：蔵田伸雄，安藤馨

　　　　司会：福田俊章

共同討議 2：空間論から見たライプニッツとカント（ライプニッツ没後 300 年）

　　　提題者：稲岡大志，植村恒一郎

　　　　司会：犬竹正幸

○　特別シンポジウム（15:40 〜 18:10）

「3.11 後の「公共」とカント　—Kant in Fukushima—」

　　　提題者：小野原雅夫，舟場保之，大橋容一郎

　　　　司会：大橋容一郎

懇親会（18：20 〜 19：50）

シンポジウム終了後，会場をレストラン・グリーンに移して恒例の懇親会が開かれ，盛況であった。

会員の異動

本年度は，新入会員はなかった。退会者は，岩隈敏，中野重伸，松岡玲子，松友昭繁，加藤篤子の各氏（順不同）で，合計 5 名。以上の結果，日本カント協会の会員（有資格者）数は，2017 年 3 月 1 日現在（退会予定者含まず）で，283 名（資格停止者 49 名）である。

濱田賞について

本協会では 2006 年度より，若手会員の研究促進と業績発表を奨励するために，研究奨励賞「日本カント協会濱田賞」を設けている。昨年度第 11 回受賞者は五十嵐涼介会員であった。第 12 回濱田賞の授与式は，次年度の第 42 回学会の総会席上で行われる。濱田賞選考委員は常任委員の兼務となったが，論文部門に関しては以下の編集委員に選考が委託される（敬称略，順不同）。犬竹正幸（委

員長），寺田俊郎（副委員長），久呉高之，小谷英生，滝沢正之，田中美紀子，中澤武，三谷尚澄，望月俊孝，山根雄一郎。

財務状況について

近年の財務状況の悪化を踏まえ，機関紙の電子化など抜本的な対応策が図られるべき旨が報告された（以下の収支決算表を参照）。

日本カント協会　2016 年度収支決算（2015 年 11 月 1 日 〜 2016 年 10 月 31 日）

[収入の部]	（単位：円）	[支出の部]	（単位：円）
会費収入（大会受付）	245,000	大会開催費	149,942
会費収入（郵便・電信振替）	951,000	文房具費	2,647
雑収入（預金利子）	145	印刷・コピー費	0
小計	1,196,145	会議費	36,383
学会補助金	0	通信費	192,859
学会時収入（機関誌・パンフレット販売）	2,000	機関誌発行費	807,098
雑収入（寄付）	0	事務局員給与	240,000
前年度繰越金	1,683,518	雑費	20,000
合計	2,881,663	合計	1,448,929

[差引残高] ———————— 1,432,734
[次年度繰越金] ———————— 1,432,734

次年度第 42 回学会について

次年度第 42 回学会は，2017 年 11 月 11 日（土）に明治大学にて，日本フィヒテ協会との共催という形で開催されることが決定された。なお，学会の企画案は，常任委員会で決定される。

機関誌の発行について

日本カント協会機関誌『日本カント研究』第 18 号が 2016 年 7 月に刊行される予定である。現在の機関誌編集委員は以下の各氏である（敬称略，順不同）。犬竹正幸（委員長），寺田俊郎（副委員長），久呉高之，小谷英生，滝沢正之，田中美紀子，中澤武，三谷尚澄，望月俊孝，山根雄一郎。　　　　　　　　以上

（2017 年 3 月　日本カント協会事務局記）

機関誌の原稿募集

2017 年 4 月　日本カント協会

　機関誌『日本カント研究』第 19 号の原稿を次の要領で公募いたします。第 12 号の原稿募集以降，様式および提出形態が一部改正されています。より多くの方が奮ってご応募下さるようご案内いたします。

公募要領

　1　応募資格　　日本カント協会会員で，過去に協会で発表したことのある人。なお，原則として連続採用は行わない。

　2　テ　ー　マ　　カントおよび関連の哲学思想を扱った未発表論文。なお，編集委員会が明確な類似を認め二重投稿と判断した場合には掲載を拒否することがある。

　3　枚　　数　　400 字詰原稿用紙に換算して 35 枚以内（注，作図等も含む）。枚数厳守（超過の場合は審査対象とならない）。

　4　様　　式
（1）原稿のフォーマットは，A4 版・横書き・1 行 40 字とする。
（2）改行等による空白も字数に数え入れ，注は本文の後にまとめる。
（3）本文および注のフォントはすべて同一のものとする。欧字は半角とする。
（4）論文題目および別添概要を除くすべての部分（章節名・本文・注・作図・改行・空白部分等）の合計を 14000 字（400 字詰原稿用紙 35 枚相当）以内とする。
（5）手書き原稿の場合は A4 版・横書き原稿用紙とし，上記に準じる。
（6）印字原稿および手書き原稿の場合は別添表紙に，電子メール添付原稿の場合は電子メール本文中に，氏名，住所，年齢，電話番号，所属機関，E-mail アドレスおよび，論文題目，電子ファイルの種類を明記する。

　5　概　　要　　日本語概要は 400 字詰原稿用紙 2 枚以内，欧文概要は 100 語程度。欧文概要は，ネイティヴ・チェックを済ませておくこと。

6　提出形態　　原稿は次のいずれかの方法で提出する。
（1）印字原稿の場合
　　原稿および欧文と日本語の概要を正 1 部・副 5 部，および原稿ファイルを含む CD-ROM，DVD-ROM，FD 等の電子媒体を添付して郵送する。
（2）手書き原稿の場合
　　原稿および欧文と日本語の概要を正 1 部・副 5 部を郵送する。
（3）電子メール添付原稿の場合
　　原稿ファイルおよび欧文と日本語の概要ファイルを電子メールに添付し，投稿用アドレスに送信する。電子メールの件名は「日本カント研究投稿論文（氏名○○）」とする。

7　締 切 日　　2017 年 12 月 20 日必着。なお，メール便，電子メール等については，到着にかかる時間が不定のため，十分な余裕を持って投稿すること。

8　送 付 先　　日本カント協会編集委員会事務局　　投稿用アドレス　kanteditorialdept@gmail.com
　（郵送の場合：〒 102-8554 東京都千代田区紀尾井町 7-1 上智大学文学部哲学研究室）

9　採用論文数　　7 本程度

10　原稿の返却　　不採用になった原稿等は返却しない。

日本カント協会濱田賞応募について

2017 年 4 月　日本カント協会

　本協会は，若手会員の研究促進と業績発表を奨励するため，2006 年度より「日本カント協会濱田賞」を設けております。自薦，他薦の機会もありますので，より多くの方が奮ってご応募下さるようご案内いたします。

「論文」部門応募要領

1　選考対象は，2016 年 4 月 1 日から 2017 年 3 月 31 日までに公刊された論文とする。
2　応募は自薦および他薦による。ただし，選考年度の『日本カント研究』の掲載論文は自動的に選考対象となる。この場合，他の論文を自薦もしくは他薦することも可能であるが，選考対象論文は一人一本とし，複数の論文が推薦された場合は，著者の意向を尊重する。
3　応募者は，応募用紙に著者の生年月日を明記し，応募論文三部（複写物も認める）を添えて協会事務局に提出する。応募締め切りは，12 月 20 日（当日消印有効）とする。
4　上記による選考対象論文を濱田賞選考委員会の委任を受け，編集委員会が審査し，受賞者を決定する。審査に関する詳細は規程・内規により別に定める。
5　賞金 金三万円
6　受賞資格　2018 年 3 月 31 日現在，満三五歳未満，かつ受賞時までに会費を納入済みの本協会会員とする。
7　受賞者の発表は会報にて行い，授与式は総会席上で行う。

「著書」部門応募要領

1 選考対象は，2016 年 4 月 1 日から 2017 年 3 月 31 日までに公刊された著書とする。
2 応募は自薦および他薦による。選考対象著書は一人一冊とし，複数の著書が推薦された場合は，著者の意向を尊重する。
3 応募者は，応募用紙に著者の生年月日を明記し，応募著書三部（複写物も認めるが，一部は原本）を添えて協会事務局に提出する。応募締め切りは 8 月 31 日必着とする。
4 上記による選考対象著書を濱田賞選考委員会が審査し，受賞者を決定する。審査に関する詳細は規程・内規により別に定める。
5 賞金 金三万円
6 受賞資格 2018 年 3 月 31 日現在，満四〇歳未満，かつ受賞時までに会費を納入済みの本協会会員とする。
7 受賞者の発表は会報にて行い，授与式は総会席上で行う。

日本カント協会規約

> 1976 年 11 月制定
> 2005 年 12 月一部改正
> 2008 年 11 月一部改正
> 2009 年 11 月一部改正
> 2011 年 11 月一部改正
> 2014 年 11 月一部改正
> 2015 年 11 月一部改正

第一条　本会は日本カント協会（Japanische Kant-Gesellschaft）と称する。

第二条　本会はカント哲学を中心とした哲学研究を推進し，会員相互の研鑽及び研究上の連絡をはかることを目的とする。

第三条　本会は前条の目的を達成するために，次の事業を行なう。
1　学会・総会・研究会・講演会等の開催
2　機関誌『日本カント研究』及び『会報』の発行
3　若手研究者育成を目的とする「日本カント協会濱田賞」の授与
4　ドイツ連邦共和国 Kant-Gesellschaft その他のカント哲学に関連する研究機関との交流
5　その他の必要な事業

第四条　本会は以下の各項に該当する者をもって会員とする。
1　一般会員 カント哲学に関心をもつ者及びこれに準ずる者
2　賛助会員 本会の趣旨に賛同する者
3　名誉会員 本会の活動に長年貢献した会員または外国在住のカント研究者でこの資格を有すると認められた者

第五条　① 前条に該当する者は，常任委員会及び委員会の審議を経て，総会で最終的に承認する。
② 入会申込者は，指定の申込用紙の必要事項を満たすことをその条件とする。
③ 大学院修士課程の学生については，指導教授またはそれに準ずる紹介者の

承認を必要とする。
第六条　本会は次の役員を置く。
　1　会　　長　一名
　2　常任委員　一〇名
　3　委　　員　一八名
　4　編集委員　一〇名
　5　会計監査　二名
　6　幹　　事　若干名
第七条　①　委員及び会計監査は会員の間から選出し，会長及び常任委員は委員の間から互選する。なお，役員の選挙規程については，別途定める。
　②　委員会は，上記の常任委員数にかかわらず，事務局校担当の会員一名を常任委員として委嘱することができる。
　③　委員会は，上記の常任委員数にかかわらず，編集委員長及び編集副委員長の会員二名を常任委員として委嘱することができる。
　④　編集委員は，会員の中から委員会が委嘱する。
　⑤　幹事は，会員の中から会長が若干名を委嘱し，委員会の承認を得るものとする。
第八条　①　会長は，本会を代表する。
　②　常任委員会は委員会の常務を掌握する。
　③　委員は委員会を構成し，本会の運営について審議・決定する。
　④　編集委員会及び濱田賞選考委員会については，別途両委員会の規程を定める。
　⑤　会計監査は，年一回会計を監査し，総会でその結果を報告する。
　⑥　幹事は本会の事務を行なう。
第九条　①　役員の任期は，二年とし，重任を妨げない。
　②　但し，会長の任期は，連続二期を限度とする。
　③　編集委員の任期については，別途定める。
第十条　①　会員は，第三条で定めた事業に参加することができる。また，第六条で定めた役員の選挙権及び被選挙権を有する。
　②　名誉会員は役員の選挙権及び被選挙権をもたない。
　③　年会費滞納会員については，累計額三年分一五，〇〇〇円で機関誌，パン

フレット等の配付を停止し，五年分二五,〇〇〇円で会員資格を停止する。この場合，滞納額を全納すれば，会員資格を復活する。
④　会員のその他の権限については別途危機管理規定で定める。
⑤　機関誌または濱田賞への応募及び大会等での発表申し込みについては，別途応募規程で定める。
第十一条　会員は年会費五,〇〇〇円を納入する。但し，名誉会員は，会費を免除する。
第十二条　総会は年一回定期的に開き，必要があれば委員会の決議により臨時に開くことができる。総会は，本会の活動の基本方針を決定し，会務報告及び会計報告を受ける。
第十三条　本会の事務局は，委員会の議を経て，会長が委嘱する。
第十四条　本規約は，常任委員会及び委員会の決議を経て，変更することができる。但し総会の承認を要する。

日本カント協会への入会のお勧め

　日本カント協会は 1976 年に発足した学会です。広くカント哲学に関心をもたれる方のご入会をお勧めいたします。お問い合わせは協会事務局までお願いいたします。

＊日本カント協会役員（任期 2016 年 4 月 1 日〜 2018 年 3 月 31 日）
　　会　　長　　大橋容一郎
　　常任委員　　犬竹正幸・加藤泰史・河村克俊・木阪貴行・城戸淳・寺田俊郎・檜垣良成・福谷茂・舟場保之・御子柴善之
　　委　　員　　石川求・犬竹正幸・大橋容一郎・小野原雅夫・加藤泰史・河村克俊・木阪貴行・城戸淳・菅沢龍文・寺田俊郎・新田孝彦・檜垣良成・福谷茂・舟場保之・牧野英二・御子柴善之・山根雄一郎・湯浅正彦
　　会計監査　　長田蔵人・山蔦真之
　　幹　　事　　杉田孝夫・中野裕考

連絡先
日本カント協会事務局（2016 年 4 月 1 日〜 2018 年 3 月 31 日）
〒 112-8610
東京都文京区大塚 2-1-1
お茶の水女子大学 文教 1 号館 6 階 中野研究室内
E-mail：japanischekantgesellschaft@gmail.com

執筆者一覧 （執筆順）

大橋容一郎（おおはし　よういちろう）　　　1952年生　上智大学教授
舟場　保之（ふなば　やすゆき）1962年生　大阪大学大学院文学研究科教授
小野原雅夫（おのはら　まさお）1961年生　福島大学教授
福田　俊章（ふくだ　としあき）1959年生　福島県立医科大学医学部准教授
安藤　　馨（あんどう　かおる）1982年生　神戸大学大学院法学研究科准教授
蔵田　伸雄（くらた　のぶお）1963年生　北海道大学大学院文学研究科教授
犬竹　正幸（いぬたけ　まさゆき）1952年生　拓殖大学教授
稲岡　大志（いなおか　ひろゆき　1977年生　神戸大学大学院文学研究科研究員，関西大学非常勤講師
植村恒一郎（うえむら　つねいちろう）　　　1951年生　東京女子大学非常勤講師，群馬県立女子大学名誉教授
五十嵐涼介（いがらし　りょうすけ）1988年生　京都大学大学院文学研究科博士後期課程
長田　蔵人（おさだ　くらんど）1972年生　明治大学専任講師
山蔦　真之（やまつた　さねゆき）1981年生　名古屋商科大学経済学部専任講師
渋川　優太（しぶかわ　ゆうた）1985年生　首都大学東京大学院博士後期課程
河村　克俊（かわむら　かつとし）1958年生　関西学院大学教授
田原彰太郎（たはら　しょうたろう）1978年生　早稲田大学文化構想学部助教
三谷　尚澄（みたに　なおずみ）1974年生　信州大学准教授
竹山　重光（たけやま　しげみつ）1960年生　和歌山県立医科大学医学部准教授

Kant and contemporary problem of public society

Yoichiro OHASHI

Immanuel Kant talks about several kinds of publicness based on various aspects of reason rather than being based on the fact that they are generally known. Among such publics as the moral public, the ethical public society (res publica), political public society, or the aesthetic community, the most famous one is the moral "kingdom of purpose (Reich der Zwecke)" produced from compliance with the categorical moral law. However, its public nature remains a passive idea, established only as the result of our good wills. In comparison the "ethical civil society" and the "legal civil society," described in "Religion within the Bounds of Bare Reason (Die Religion innerhalb der Grenzen der bloßen Vernunft)" and "The Metaphysics of Morals (Die Metaphysik der Sitten)," are fundamentally based on the normative principle of the realization of morality as well, but they show a more concrete character of publicness. Through these philosophical thoughts, Kant's theory of publicness has long been regarded as a fundamental theory of broad communities, from moral co-existence to law based on society or "the world republic" throughout modern times. However, in the 21st century, how does Kant's thought meet the concern with the problem area of contemporary publicness today?

Between the moral public and the political public society or ethical public society in Kant, there is a difference in the location of the principle, although they are all "public." Even if the achievement of morality and public good is the same, the individual or internal moral compulsion and the global or external law enforcement do not have a one-to-one mapping equivalent. It is impossible to overlook the fact that issues related to the circumstantial differences between the individual phase and the overall nature of publicity, and some problems concerning the public are embedded in differences.

Über die Publizität als ein prozedurales Prinzip

Yasuyuki FUNABA

Die ›Zivilgesellschaft‹ von Jürgen Habermas, deren institutionellen Kern nichtstaatliche und nicht-ökonomische Assoziationen bilden, lässt sich theoretisch begründen, wenn man aus der prozeduralistischen Perspektive die rechtliche Freiheit und die transzendentale Formel des öffentlichen Rechts von Kant interpretiert. Mit dieser Auslegung erweist sich, wie Philosoph Kojin Karatani zeigt, dass sich die Gültigkeit des geltenden Rechts immer wieder erneuert, indem man dagegen Einwände erhebt, über Geltungsansprüche diskutiert und zum Konsens kommt. Weder außer noch vor diesen diskursiven Prozessen ist aber nicht zu erklären, ob etwas gültig ist oder nicht. Deswegen entsteht genau in diesen Verfahren nichts anderes als die öffentliche Sphäre in der ›Zivilgesellschaft‹

A Battle Between "Public" after 3.11 and Kantian Publicity

Masao ONOHARA

After 3.11, public mind and service to publicness have been emphasized and forced in every scene of the life of the people in Japan. According to Junichi Saito, a concept of publicness includes three connotations. 1. A meaning as something official related to a state, 2. meaning as something common related to all people, 3. meaning that it is opened for anyone. Of these, it is publicness of the first meaning to be emphasized and forced now in Japan (which I call "national publicness"). In contrast, Kant uses it only in the third meaning (which I call "Kantian publicity").

What can we tell about publicness after Fukushima Daiichi nuclear disaster based on Kant's philosophy? For example, I advocated "Categorical Imperative of Anti-NPP" which states "there must be no nuclear power plant", but it is not certain whether Kant really supported such a thing if he was alive in modern times. Since 2011 Café philosophique is held every month in Fukushima. We may be able to regard it as a trial which realize Kantian publicity in the society. We have to develop various plans to expand Kantian publicity in opposition to the national publicness.

Conseqentialism and "What if everyone did that"

Kaoru ANDO

This paper discusses the problem of Parfitian rule-consequentialism. We examine the arguments for rule-consequentialism which Parfit made in his *On What Matters* and conclude that they might successfully show Kantians and contractarians both have good reasons to accept some form of rule-consequentialism but that they fail to jutify rule-consequentialism against act-consequentialists. We propose a manœuvre to justify the rule-consequentialist's problematic assumption of universal acceptance which is based on the analogical argument for possibilism about the deontic evaluation of temporally extended acts.

Climbing the Same Mountain on Different Sides
——On Parfit's Understandings of Categorical Imperatives——

Nobuo KURATA

The purpose of this paper is to clarify the common points and the differences between Kantian ethics and rule consequentialism. It is said that Kantian ethics and consequentialism, including utilitarianism, are in conflict situations. But in justifying the principle of action, the method of asking "what if all people in a similar situation follow a certain rule" is common to both theories. In *On What Matters*, Parfit revised Kant's categorical imperatives and presents "Kantian consequentialism" by incorporating a contract theory. Thus, he argues Kantians and rule consequentialists are "climbing the same mountain on different sided". However, the directions of these two methods are different in that Kant places emphasis on "logic" such as "contradiction", but consequentialists on "imagined results and values arising from following a certain principle".

How is Leibnizian space constituted?
──On "abstract space" in section 104 of the fifth letter to Clarke──

Hiroyuki INAOKA

In this paper, we would examine whether the possibility of the plurality of space could be justified in Leibniz's theory of space. It seems that the argument which Leibniz presented against the Newtonian theory of absolute space could not be valid without grounding on the properties of three dimensions Euclidean space. However, we could find an important development of the idea of constituting space in the fifth letter from Leibniz to Clarke. On the one hand, in section 47 of this letter, Leibniz naively shows that idea of space could be constituted from the plurality of things. On the other hand, in section 104, he says that "abstract space" gives an order to such a plurality of things. We should not ignore this difference. In fact, it could be argued that the plurality of space could be justified in Leibniz who thinks "abstract space" have a role for fixing of the topological structure of space.

Kant facing the *Analysis Situs*
──A new horizon of "*On the First Ground of the Distinction of Regions in Space*"──

Tsuneichiro UEMURA

My left hand is different from my right hand. But how different? From the abstract geometrical point of view that Leibnitz called "Analysis Situs", a single hand in space can be neither a right one nor a left one. In contrast, Kant argues that if God firstly created only a single hand then it must be either a left hand or a right hand. According to Kant, a left hand is incongruent with a right hand, and the set of spatial relations between parts of a hand is not sufficient to determine whether it is left or right. It must be oriented to the whole space. Leibniz-Kant controversy about the topological property of orientability is the central problem of philosophy of space.

How Judgments Relate to Objects
——The Singular Judgment in Kant and its Semantics——

Ryosuke IGARASHI

In Kant's theoretical philosophy, the questions what the object (Gegenstand) is, and how judgments (Urteil) relate to objects are the most important problems. In this study, I aim to clarify these base on different aspects, as well as, arrange the discussion by considering the latter problem from a logical/semantic point of view. Prior research on the relation between judgments and objects from the same viewpoint can roughly be divided into the following three positions.
 1. Judgments can be directly related to objects
 2. Judgments are only indirectly relevant through concepts
 3. Judgments have nothing to do with objects

The form of judgment that is deeply involved in such a question is singular judgment, because there is no form of judgment than this one if a judgment is directly related to objects. Therefore, in this study, I attempt to clarify the consequences and validity of these interpretations by considering the semantics of singular judgment.

Kant's Theory of Reality and Sensation
——Revisited from the Scotistic Viewpoint——

Kurando OSADA

In the *Critique of Pure Reason*, Kant claims, as the principle called 'Anticipations of Perception', that realitas phaenomenon which is an object of and corresponds to sensation has intensive magnitude or a degree. One of difficulties which Kant's argument for this principle has is the validity of its premise that any sensation has intensive magnitude. The purpose of this paper is to shed some light on a possible ground for this premise by examining Kant's argument from a viewpoint of Duns Scotus's metaphysics of realitas as modus intrinsecus or gradus intensionis.

Kants Philosophie als „die Lebensphilosophie"
―Lust und Leben in der kritischen Philosophie―

Saneyuki YAMATSUTA

Die vorliegende Abhandlung vollzieht den Begriff des Lebens in der *Kritik der Urteilskraft*, *Vorlesungen über Anthropologie*, bzw. *über Metaphysik* nach. Oft kritisiert man Kants Philosophie in dem Punkt, dass es ihr das körperliche, konkrete, nämlich lebende Subjekt fehlt. Im Gegenteil zu solcher üblichen Ansicht zeigt diese Abhandlung, dass der Begriff des Lebens für Kants Ethik und Ästhetik unentbehrlich ist. In den Vorlesungsnachschriften in den 1770er Jahren findet man mehrere Passagen, in denen Kant vom Leben im Zusammenhang mit der Lust spricht, und zwar der Lust des Geschmacks und der Vernunft.

Systematische Einheit der Natur und Zweckmäßigkeit in der *Kritik der Urteilskraft*

Yuta SHIBUKAWA

In dieser Abhandlung versuche ich die Bedeutung der systematischen Einhiet der Natur zu klären, die in der „Einleitung" der *Kritik der Urteilskraft* (auch in der „Ersten Einleitung") zur Diskussion gestellt wird. Dabei ist es eine zentrale Frage, wie (und warum überhaupt) Zweckmäßigkeit sich auf systematische Einheit der Verstandesbegriffe von sinnlich gegebenen Naturdinge bezieht. Für die reflektierende Urteilskraft, deren

Prinzip Zweckmäßigkeit ist, zählt Reflektieren über Naturdinge nicht als Begriffsbildung durch „Abstraktion." Also bedeutet der Begriff nicht „Merkmal" im traditionalen logischen Sinn, sondern korrespondiert dem Gesezt, das die wirkliche eigentümliche Form des Naturdinges bestimmt. Die reflektierende Urteilskraft entdeckt solche Gesetze durch Beobachtung der Natur und bringt diese Gesetze widerum unter höhere Gesetze. Auf diese Weise macht sie die systematische Einhiet der Natur.

Japanische Kant-Studien 18.
(Nihon Kant Kenkyu 18.)

Herausgegeben von der japanischen Kant-Gesellschaft ·····················Juli 2017

Inhalt

Symposium: Die "Pubulizität" nach 3.11 und Kant: Kant in Fukushima
Einleitung ··· Yoichiro OHASHI 7
Kant and contemporary problem of public society ············ Yoichiro OHASHI 9
Über die Publizität als ein prozeduales Prinzip ················ Yasuyuki FUNABA 24
A Battle between "Public" after 3.11 and Kantian Publicity· Masao ONOHARA 38

Colloquium1: Kant und der Utilitarismus
Einleitung ··· Toshiaki FUKUDA 53
Conseqentialism and "What if everyone did that" ···················Kaoru ANDO 54
Climbing the same Mountain on Different Sides: On Parfit's Understanding of Categorical Imperatives ···Nobuo KURATA 73

Colloquium2: Leipniz und Kant unter dem Gesichtpunkt der Raumtheorie
Einleitung ··Masayuki INUTAKE 89
How is Leipnizian space constituted? : On "abstract space" in section 104 of the fifth etter to Clarke ·· Hiroyuki INAOKA 90
Kant facing the Analysis Situs: A new horizon of "On the First Ground of the Distinction of Regions of Space" ·························Tsuneichiro UEMURA 105

Abhandlungen
How Judgments Relate to Objects: The Singular Judgment in Kant and its Semantics
··Ryosuke IGARASHI 121
Kant's Theory of realitas phaenomenon and Sensation: Revised from the Scotistic Viewpoint ··· Kurando OSADA 134
Kants Philosophie als „die Lebensphilosophie" : Lust und Leben in der kritischen Philosophie ··Saneyuki YAMATSUTA 148
Systematische Einheit der Natur und Zweckmässigkeit in der *Kritik der Urteilskraft*
·· Yuta SHIBUKAWA 161

Buchbesprechungen

Hiroto Masuyama, Kant's Theory of the World ········ Katsutoshi KAWAMURA   176
Onora O'neill, Bounds of Justice ································ Shotaro TAHARA   180
Robert Brandom, From Empiricism to Expressivism: Brandom reads Sellars
·· Naozumi MITANI   184
Hannah Ginsborg, The Normativity of Nature: Essays on Kant's Critique of Judgment
··Shigemitsu TAKEYAMA   189

〔日本カント研究 18〕　　　　　　ISBN978-4-86285-933-4

2017 年 7 月 30 日　発行

編集兼発行者　大橋 容一郎
発 行 所　日本カント協会
〒112-8610　東京都文京区大塚 2-1-1
お茶の水女子大学 文教 1 号館 6 階 中野研究室内
制作・販売　株式会社 知泉書館
〒113-0033　東京都文京区本郷 1-13-2
Tel 03-3814-6161　Fax 03-3814-6166